# 아빠, 한국사여행 떠나요!

주말에 떠나는 한국사 여행 시리즈 5

# 아빠, 한국사 여행 떠나요!

김명선 쓰고 ✶ 나인완 그리다

**48주간의 생생한 한국사 대탐험**

### 5
• 조선시대 후기 •

코알라
스토어

## 들어가며

"아휴, 시시해!"

선생님이 가르치는 한국사 탐험단에는 투덜이가 있어요. 투덜이는 역사를 공부할 때마다 툴툴댑니다. 먼 옛날 이야기는 배워서 뭐 하냐는 거죠.

구석기 시대 돌도끼에 대해 설명해 주면, 선생님은 돌도끼로 사냥해 봤느냐면서 그런 돌로 어떻게 토끼를 잡냐고, 말이 안 된다고 합니다.

또 한 번은 단군신화를 읽다가 가슴을 치면서 이렇게 말했죠.

"뭐 이런 이야기가 역사예요. 완전 사기잖아요!"

타임머신을 타고 단군신화 속 세상으로 간다면 호랑이한테 일러 줄 거랍니다. 환웅이 100일 만에 사람이 되게 해 준다고 해 놓고서는, 호랑이가 뛰쳐나가자 21일 만에 곰을 사람으로 만들어 줬다고요. 그리고는 거짓말을 한 환웅을 벌주고 말겠다고 단단히 벼릅니다.

선생님도 어릴 때 사실은 투덜이랑 비슷했어요. 역사는 어렵고 따분하기만 한 과목이었죠.

그런데 한 번은 고구려 사람들이 그린 상상의 동물 주작 그림을 본 적이 있어요. 금세 홀딱 반해 버렸죠. 주작을 타고 고구려의 하늘을 훨훨 나는 상상을 하며 한참 즐거운 시간을 보내곤 했었답니다.

친구들도 이런 생각 해 본 적 있죠? 진짜 그런 일이 벌어진다면 정말 신날 것 같지 않아요?

또 선생님은 조선시대의 역사를 책으로 공부하기보다는 조선시대의 장터를 직접 구경해 보고 싶어요. 그게 훨씬 재미있을 것 같죠? 그리고 꼭 해 보고 싶은 게 있어요. 백성들을 괴롭히는 못된 탐관오리한테 똥침을 놔 주고 오는 것! 상상만 해도 신나지 않나요?

그런데 그런 일이 벌어지고 말았어요! 상상이 진짜로 펼쳐졌다니까요? 바로 이 책에서 말이죠.

선생님과 한국사 탐험단은 여러분과 역사 속으로 시간여행을 떠날 거예요.

우리 탐험단은 시시하고 지루한 역사는 딱 질색이에요. 생생하고, 신나고, 재미있어야 해요. 그렇지 않으면 투덜이가 얼마나 툴툴대는지 견딜 수가 없거든요. 여러분도 그렇다구요? 선생님도 그래요.

그럼 우리 이제부터 신나는 한국사 시간여행을 떠나 볼까요?

친구들과의 한국사 여행을 기다리는 선생님들이.

# 차 례

- 들어가며 004
- 등장인물 008
- 프롤로그 010

### 서른세 번째 여행
## 북으로 끌려 간 사람들

| | |
|---|---|
| 전쟁이 지나간 자리 | 014 |
| 광해군의 고민 | 017 |
| 왕이 쫓겨 나다, 인조반정 | 021 |
| 45일의 항쟁, 호란 | 023 |
| 잡혀가는 포로들, 조선 백성들 | 026 |
| 달라지는 세계를 만난 두 왕자 | 029 |

- 우리가 만든 역사 재판 032
- 한눈에 정리하기 033
- 광해군과 인조를 만나러 시간여행을 떠난다면? 034

### 서른네 번째 여행
## 에헤라 좋을시고

| | |
|---|---|
| 모야 모야 노랑 모야, 모내기하는 사람들 | 038 |
| 고추 먹고 맴맴, 담배 먹고 맴맴 | 042 |
| 신나는 시장 구경 | 046 |
| 조선 최대시장 운종가 | 053 |
| 세상 소식 전해 듣는 시장 | 056 |

- 조선후기 시장, 볼 거리 여행기 060
- 한눈에 정리하기 061
- 상공업이 발달한 조선후기로 시간여행을 떠난다면? 062

### 서른다섯 번째 여행
## 문화를 꽃 피우는 서민들

| | |
|---|---|
| 서당 가는 아이들 | 066 |
| 이야기 속에는 우리 꿈이 있어요 | 069 |
| 우리 마을에 떠돌이 화가가 왔어요 | 072 |
| 빨래터에서 이야기가 꽃피어요 | 075 |

- 풍속화 속 사총사 숨기기 080
- 한눈에 정리하기 081
- 조선후기 서민문화를 찾아 시간여행을 떠난다면? 082

### 서른여섯 번째 여행
## 시대를 여는 새로운 움직임

| | |
|---|---|
| 이상한 양반, 김육 | 086 |
| 별난 양반, 실학자 유형원 | 090 |
| 괴짜 양반, 박지원 | 094 |
| 꿈을 펼치고 싶은 사람들 | 098 |
| 실학자, 지구와 우주를 만나다 | 102 |
| 우리 땅을 세계를 그리다 | 106 |

- 실학자 10분 토론 110
- 한눈에 정리하기 111
- 새로운 사상, 실학을 찾아 시간여행을 떠난다면? 112

### 서른일곱 번째 여행

# 아름다운 조선을 만들라

| | |
|---|---|
| 건릉에서 정조를 만나다 | 116 |
| 정조, 새로운 조선을 꿈꾸다 | 120 |
| 수원화성 공사 현장을 가다 | 124 |
| 정조의 자신 화성에서 꽃피다 | 127 |
| 아버지 사도세자를 그리워하다 | 132 |
| 정조, 세상을 뜨다 | 136 |
| | |
| 화성 4경 전시회 | 140 |
| 한눈에 정리하기 | 141 |
| 정조를 만나러 시간여행을 떠난다면? | 142 |

### 서른여덟 번째 여행

# 사람이 곧 하늘이다

| | |
|---|---|
| 어린이가 왕이 되다 | 146 |
| 조정에는 큰 도적, 지방에는 작은 도적 | 150 |
| 땅끝에서 조선의 참모습을 만나다 | 154 |
| 차별 없고 모두가 잘사는 세상을 열라 | 160 |
| 들불처럼 일어나는 백성들 | 165 |
| 하늘이여 새로 열리소서 | 169 |
| | |
| 세도정치기간의 시대극 만들기 | 174 |
| 한눈에 정리하기 | 175 |
| 세도정치와 농민항쟁의 시기로 시간여행을 떠난다면? | 176 |

### 서른아홉 번째 여행

# 조선을 개혁하라

| | |
|---|---|
| 이하응, 최고 권력자가 되다 | 180 |
| 세도 가문을 몰아내고 정직한 인재를 쓰라 | 185 |
| 경복궁을 중건하라 | 188 |
| 양반도 세금을 내라 | 192 |
| 서원을 정리하라 | 195 |
| 고종과 왕비 민씨, 정권을 빼앗다 | 198 |
| | |
| 흥선대원군의 개혁 연표 만들기 | 202 |
| 한눈에 정리하기 | 203 |
| 흥선대원군의 개혁정치 시대로 시간여행을 떠난다면? | 204 |

### 마흔 번째 여행

# 조선, 세계로 문을 열다

| | |
|---|---|
| 그때 아시아는 | 208 |
| 서양세력, 조선으로 접근하다 | 211 |
| 강화도에서 프랑스군대와 싸우다, 병인양요 | 214 |
| 신미양요, 처절한 승리 | 219 |
| 서양세력, 맞서야 할까 손을 잡아야 할까 | 224 |
| 운요호 사건과 강화도 조약 | 228 |
| | |
| 조선 문 개방에 대한 토론하기 | 232 |
| 한눈에 정리하기 | 233 |
| 외세의 침략 시대로 시간여행을 떠난다면? | 234 |

나오며 **236**
한눈에 정리하기 정답 **238**
사진 출처 **239**

## 등장인물

사총사와 함께 한국사 탐험을 떠나는 역사 선생님. 시도 때도 없이 과거로 시간여행을 가는 엉뚱한 성격이지만, 한국사를 설명할 때면 세상 누구보다도 진지한 모습이다.

**한탐 선생님**

"한국사는 정말 머리 아파."

역사 공부는 정말 싫다고 외치지만, 한국사 탐험에 절대 빠지는 법이 없다. 운도 없고 되는 일이 없어도 늘 친구들과 함께한다.

**투덜이**

"문제집 푸는 것보다 돌아다니는 역사 여행이 더 재미있을 것 같아!"

장난꾸러기이다. 공부보다는 게임이 좋고 축구가 더 재미있다. 그런데 한국사 탐험에 점점 빠져들어 간다.

**장난이**

"한국사 탐험! 생각만 해도 기대 돼!"

친구들과 책이 세상에서 제일 좋다. 원래부터 역사를 좋아했다. 역사학자가 꿈인데, 역사를 가르치는 선생님도 되고 싶다.

**똑똑이**

"유적지나 박물관에 가면 재미난 이야기가 많겠지?"

장래희망이 작가이다. 그래서 혼자일 때면 여러 가지 상상을 한다. 한국사 탐험을 하면서부터 상상할 거리가 더 많아졌다.

**상상이**

## 프롤로그

# 10살이 된 사총사의
# 흥미진진 한국사 탐험

엄마들께서 이런저런 이야기를 나누고 계실 때, 한탐 선생님이 오셨어요. 우리를 보시자, 아주 반갑다는 표정으로 박물관은 정말 신기하고 놀라운 곳이지 않냐고 물으셨어요.

"여러분! 호기심은 공부의 씨앗이에요. 뭐지, 어디지, 왜 그러지 이런 질문들을 머리에 가득 채워보세요. 그리고 찾아보고, 직접 가서 보고, 살펴보고, 따져보다 보면 역사가 재미있어진다니까요."

이번 한탐 선생님은 호기심 많은 탐험가인가 봐요. 가고 싶으면

어디든 갈 수 있는 시간여행을 이용해 많은 곳을 데리고 다닐 것 같아요. 선생님은 이번 한국사 탐험을 떠나기 전에 꼭 알아 두어야 할 게 있다며, 어린이 박물관 안에 있는 도서관에서 '중립외교', '실학', '서민문화', '개화', 이 네 가지 낱말의 뜻을 조사한 뒤 집에 가도 좋다고 하셨어요.

 중립외교

한 나라와만 친하게 지내는 것이 아니라, 여러 나라에 골고루 잘 사귀는 걸 말한다. 광해군이 명나라와 후금 사이에 중립 외교를 펼쳤다.

실학

백성들의 생활에 도움이 실용적인 학문을 가리킨다. 나라가 부강하고, 백성들의 삶이 풍족해지기 위해 토지 개혁이나 상공업의 발전을 주장했다.

서민문화

조선 후기에 주로 백성들이 즐겼던 탈춤, 민화, 한글 소설, 판소리 등을 말한다. 서민문화에는 백성들의 소망이나 양반들 비판하는 내용이 담겨 있다.

개화

외국의 발달한 문화나 제도를 받아들이는 걸 말한다. 조선 말, 낡은 문물이나 제도를 새롭게 바꾸는 일을 가리킨다.

# 33 서른세 번째 여행

# 북으로 끌려 간 사람들

## 실패한 외교 그리고 병자호란

★
**한국사 탐험을 떠나기 전 미리 생각해 올 것!**

남한산성의 역사를 미리 조사해 오세요.

★
**준비물**

놀라운 장면을 보고도 희망을 찾을 줄 아는 용기, 새로운 변화를 받아들일 열린 마음

**연표**

- 1608년
  광해군 즉위 경기도에 대동법 실시
- 1610년
  동의보감 완성
- 1618년
  명나라 요청으로 조선군 파견
- 1623년
  인조반정
- 1627년
  정묘호란
- 1645년
  병자호란
- 1649년
  소현세자 귀국(서양문물 가지고 옴)
- 1649년
  소현세자 동생 봉림대군이 효종으로 즉위

그 전쟁을 겪는 분이 우리 엄마의 할머니의 할머니의 할머니일지도 몰라.

# 전쟁이 지나간 자리

● 비거

임진왜란 때 정평구가 만들었다고 전하는 바람을 타고 공중을 날아다니는 수레를 말해요.

어린이박물관에서 우리는 한탐 선생님을 만났어요.

"선생님, 이제는 전쟁이 끝난 거죠? 정말 하루라도 빨리 평화로운 세상이 되었으면 좋겠어요."

그럴 줄 알았다며 한탐 선생님이 조선후기 시간여행을 위해 준비한 게 있다고 했어요. "바로, 비거예요. 어서 타세요."

비거를 타고 도착한 한양은 온통 폐허로 변해 있었어요.

"임진왜란으로 궁궐이 모두 불탔을 뿐만 아니라, 인구도 농사지을 땅도 약 1/3로 줄었어요. 그래서 경복궁은 빈터로 둔 채 창덕궁, 창경궁만 새로 짓게 되었죠."

한탐 선생님은 창덕궁 내의원으로 가서 허준을 만나자고 했어요.

허준이라면 유네스코 세계기록유산인 《동의보감》을 쓴? 아, 이런 역사적인 인물을 직접 만나다니!

"어서 오렴. 너희를 너무 오래 기다리는 바람에 다리가 저리구나."

기다렸다는 듯이 허준이 우리를 반겼어요.

"전쟁이 끝나고 조선의 상황은 처참했지. 백성들은 몸이 약해져 병에 더 잘 걸렸단다. 대책이 필요했지. 병이 걸려도 고치는 방법을

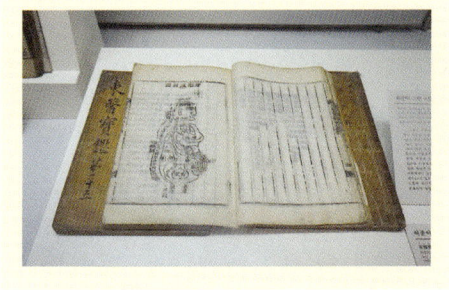

● 동의보감(한국학중앙연구원 소장)

허준이 1610년에 완성한 의학 백과사전이에요. 병의 종류와 예방, 치료법을 풀이하여 정리하였는데, 한글 표기도 있어서 가난한 백성들도 쉽게 읽을 수 있었어요. 이 점을 높이 인정받아 유네스코 세계기록유산으로 등재되었어요.

북으로 끌려 간 사람들

안다면 고통에서 벗어날 수 있지 않겠니? 그래서 가난한 백성을 생각하며 《동의보감》을 펴냈어."

　허준의 이야기를 들으며 《동의보감》에 한글이 쓰였다는 것을 처음 알게 되어 놀라웠지만 백성들을 위하는 마음이 느껴져 감동이었어요. 허준의 설명을 끝나자, 한탐 선생님은 서둘러 인사를 하고 우리에게 갈 곳이 있다고 하셨어요. 어디를 가자고 하신 걸까요?

# 광해군의 고민

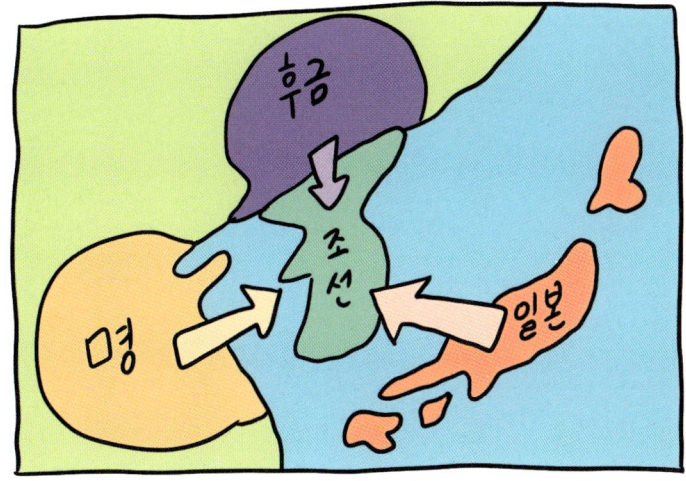

임진왜란 후 조선의 대외관계

이 일을 어찌 해야 할까?

다시 비거를 타고 우리가 간 곳은 궁궐이었어요. 왕이 머무는 궁궐의 편전 구석에 비거가 조용히 착륙하였어요. 궁녀처럼 살살 걷는 한탐 선생님을 보며 우리가 낄낄대자 한탐 선생님이 조용히 하라며 광해군을 만나러 편전˚ 안으로 들어간다고 했어요. 광해군은 서성거리며 커다란 지도를 보며 혼자 중얼거렸어요.

● 편전
왕과 신하들이 모여 나랏일을 의논하는 왕의 사무실 같은 곳을 말해요.

"임진왜란이 끝나고 나자 중국 상황이 너무 혼란해졌어. 이 일을 어찌해야 할까? 명나라가 쇠약해지는 틈에 후금이라는 새로운 나라가 세워져 명나라를 위협하는 정도를 넘어 중국 전체를 차지할 기세란 말이야. 또 바다 건너 일본은 우리더러 외교를 다시 열지 않으면 침략하겠다고 위협을 하고."

참혹한 전쟁이 끝난 지 얼마 되지 않았는데, 또 중국이 혼란스럽다는 말에 우리 사총사는 너무 깜짝 놀랐어요. 그때 광해군이 부른 신하 한 명이 편전으로 왔어요. 명나라와 후금에 가서 정탐을 하고 올 사람이라고 해요. 정탐병은 광해군의 어명을 받고, 압록강을 건너 명나라로 향했어요.

"와, 정탐병이라고? 우리도 따라가봐요!"

한탐 선생님은 비거를 타고 정탐병을 따라가자고 했어요. 위험한 일이 벌어지면 어쩌려고 그러죠? 아, 우리 선생님은 너무 천방지축이에요.

비거를 탔더니 어느새 명나라에 도착했어요. 정탐병은 여기저기를 다니며 명나라를 살펴본 뒤 보고서를 써서 광해군에게 보냈어요. 뭐라고 쓰는지 궁금해서 슬쩍 보고서를 훔쳐봤어요.

중국 상황을 보고 나니 우리도 조선의 운명이 걱정됐어요. 비거를 타고 조선으로 돌아오는 동안 앞으로 조선의 운명에 대해 이야기했어요. 우리는 다시 광해군의 편전으로 왔어요.

정탐병의 보고를 들은 신하들은 어서 명나라에 군대를 보내 도와

야 한다고 광해군을 재촉했어요.

광해군도 매우 고민스러운가 봐요. 명나라에 군대를 보내면 후금과 적이 되니까요. 만약 후금이 조선을 공격해 온다면 막을 힘이 없다는 것을 우리도 아는데, 임금이 모를 리가 없잖아요. 한참 고민하던 광해군은 결심하듯 드디어 입을 열었어요.

"강홍립 장군을 명나라로 파견하라!"

뜻밖의 결정에 놀란 우리에게 한탐 선생님이 말씀하셨어요.

"강홍립 장군은 명나라에 파견되지만 얼마 후 후금에 항복하죠. 그리고 강홍립 장군은 조선으로서는 어쩔 수 없이 명나라를 도왔지만 후금과 적이 되고 싶지 않다는 광해군의 뜻을 후금에 전하죠. 이런 광해군의 외교를 두고 '중립외교'라고 해요."

우리는 광해군의 작전에 무릎을 쳤어요. 명나라에는 군대를 보냈다는 생색을 낼 수 있고, 후금에는 적이 되지 않을 핑계를 마련한 것이잖아요. 하지만 이 일로 광해군은 아주 큰 곤란을 겪게 되었대요. 그게 무슨 일일까요?

● 중립외교
한 나라와만 친하게 지내는 것이 아니라, 여러 나라에 같은 비중을 두는 외교 관계를 말해요.

# 왕이 쫓겨 나다, 인조반정

한탐 선생님은 우리 보고 갑자기 코끼리 코를 하자고 했어요. 아무리 천방지축 선생님이라지만, 코끼리 코라니! 열 바퀴쯤 돌자 빙글빙글 어지러운데 몸이 붕 뜨더니 지붕 처마 끝 잡상˙ 옆에 자리를 잡고 앉아있지 뭐예요? 그러자 깜깜한 새벽이 되더니 갑자기 수백 명이나 되는 군사들이 창을 들고 우르르 몰려가는 발소리가 궁궐을 가득 메웠어요. 잠시 후 광해군이 끌려 나와 삼엄하게 무장한 군사들에 둘러싸여 무릎을 꿇고 앉아 있었어요.

● 잡상

어처구니라고도 해요. 궁궐 기와지붕의 추녀마루 위에 앉아 있는 흙인형을 가리켜요.

광해군은 들으라. 36가지 네 죄를 물어 임금 자리에서 몰아낸다!!!

북으로 끌려 간 사람들

아, 광해군이 어떻게 된 거죠? 한탐 선생님은 광해군을 쫓아내고 인조를 새 왕으로 세우는 '인조반정'이 일어난 거라고 말했어요.

"광해군은 왕에 오르긴 했지만 항상 불안했어요. 선조의 왕비였던 인목대비가 낳은 어린 영창대군을 지지하는 신하들도 있었거든요. 광해군은 후궁이 낳은 아들이라 그런 면에서 마음이 편치 않았어요. 특히 광해군이 명과 후금 사이에서 중립외교를 펼치는 것을 반대하던 신하들은 임진왜란 때 도와준 명나라에 은혜를 갚아야 한다며 영창대군을 지지했어요."

설마, 광해군이 불안한 나머지 동생을 죽인 것은 아니겠죠?

"광해군은 자신을 반대하는 신하들이 영창대군을 앞세워 역모를 일으키지 않을까 하는 걱정을 하다, 결국 동생인 영창대군을 죽여 버리죠. 그리고 영창대군을 낳은 친어머니 인목대비를 궁궐에서 내쫓았어요."

인조반정을 일으킨 신하들은 36가지 죄 중에서 특히 2가지를 용서할 수 없어 광해군을 내쫓는다고 했어요. 어머니를 내쫓고 동생을 죽인 죄와, 명나라에 은혜를 갚지 않은 죄였어요.

우리는 광해군이 끌려나가는 것을 안타깝게 지켜보았어요. 한탐 선생님은 이제 이곳을 떠날 때가 되었다며 비거가 있는 곳으로 우리를 데리고 갔어요.

 후금은 청이 되었어요. 1636년 후금은 청으로 이름을 바꾸고 14만 군대를 이끌고 조선을 침공해요. 병자호란이 일어난 거죠.

# 45일의 항쟁, 호란

한탐 선생님은 우리더러 어서 비거를 타라고 했어요. 비거는 높이 하늘로 날아올랐어요. 희뿌연 연기가 일어나는가 싶더니, 금방 우리 아래로 뭔가가 재빠르게 지나갔어요. 후금부대였어요. 인조반정 뒤 조선이 후금을 멀리하고 명과 가까워지자 조선을 침략해온 병자호란이 일어난 거예요. 후금군대는 마을을 불 지르고, 사람들을 닥치는 대로 죽였어요,

● 삼전도비
병자호란에서 진 조선이 청의 요구로 삼전도(지금의 송파)에 세운 비석이에요. 청의 황제인 태종의 공덕을 기리는 내용으로 구성되었어요.

● 남한산성 수어장대
남한산성의 방어를 맡은 어수사가 지휘, 명령하는 곳이에요. 이곳에서 인조는 병자호란 때 직접 군대를 지휘하였어요.

"어서, 조선 왕을 붙잡아라!"

한탐 선생님은 인조가 피난해있는 남한산성으로 가야겠다며 비거

의 방향을 돌렸어요. 남한산성을 오르는 경사가 50도가 넘어 가파르고, 한겨울이라 길이 꽁꽁 얼어 있었어요. 하늘이 내려 준 방어요새인 듯했어요.

성 안 상황은 아주 처절했어요. 잘 먹지도 못한 군사들이 살벌한 추위에 보초를 서며 떨고 있었어요. 그들 중에는 추위에 떨다 굶어 죽거나 동상에 걸려 손발을 절단한 사람들도 있었어요.

성 안에는 두 달 치 식량밖에 없어서 굶주리고 있는데 성 밖으로 14만이나 되는 후금군대가 포위하고 있어서 식량보급이 될 수가 없었어요. 준비 없이 겪어야 하는 전쟁상황은 너무 비참했어요.

"인조는 45일 만에 끝내 항복할 수밖에 없었죠. 한겨울 1월 15일, 인조는 성을 나와 삼전도에서 후금 황제에게 항복의 예를 올립니다."

우리는 한탐 선생님의 설명을 들으며, 인조의 삼배구고두례를 지켜봤어요.

● 삼배구고두례
세 번 절하고 그때마다 세 번씩, 모두 아홉 번 머리를 조아려 절하는 방식으로 신과 나랏일을 안정하는 행위를 말해요.

 # 잡혀가는 포로들, 조선 백성들

한탐 선생님은 비거를 타고 후금군대를 따라가 보자고 하셨어요. 북쪽으로 가는 길은 아주 춥고 바람은 매서웠어요. 그러나 우리는 아무도 춥다고 투정할 수가 없었어요. 후금으로 끌려가는 수많은 조선 사람들의 모습은 비참하였어요. 끌려가는 사람들은 홑겹 옷차림에 그마저도 찢겨지거나 벗겨졌어요.

포로로 끌려가는 길은 너무 험하고, 추워 가다 죽는 일도 많았어요. 하지만 살아도 사는 게 아니었어요. 청나라에 도착하면 노비로 팔려 멸시당하고 살아야 했으니까요.

"포로로 잡혀 온 가족을 구하려면 많은 돈을 치러야 했어요. 살림이 넉넉한 사람이나 가족을 찾아 몸값을 치르고 데려갈 수 있었어요. 노예로 살 수 없다며, 도망치는 사람도 아주 많았어요. 하지만 걸어서 만주 벌판을 지나 압록강까지 가도 조선으로 가는 길은 막혀 있었어요. 청나라가 조선에 엄포를 놓기 때문이에요. 탈출한 포로를 모두 청나라로 돌려보내라고 말이죠. 그래서 조선에서는 포로가 압록강을 건너오지 못하게 했어요. 맨발로 죽음을 각오하고 도망쳐 온 조선인 포로는 고향으로 돌아갈 수 없다는 사실에 절망해 강물에 휩쓸려 죽거나 스스로 목숨을 끊었어요. 다시 청나라로 돌아간 사람들은 끔찍한 형벌로 다스려졌죠."

포로 가운데는 백성들 말고도 조선의 신하들과 두 왕자가 있었대요. 바로 인조의 두 아들인 소현세자와 봉림대군이에요. 그들은 인질로 잡혀 와 청나라 심양관에 머물렀어요. 조선 백성들이 얼마나 처절한 고통을 당하는 왕자들은 알까요? 우리는 심양관으로 가서 왕자들을 만나보기로 했어요.

# 달라지는 세계를 만난 두 왕자

우리는 비거를 타고, 심양관으로 왔어요. 심양관에는 소현세자 부부와 봉림대군 부부가 인질로 잡혀 있는 곳이었어요. 조선의 왕족 말고도 200명쯤 되는 사람들이 함께 지내고 있었어요.

심양관은 조선과 청나라를 연결하는 대사관 같은 곳이었어요.

소현세자는 되도록 청나라 관리들과 친하게 지내려고 노력했어요. 그래야 조선인 포로를 보호할 수 있고, 조선에게 무리한 요구를 하는 일이 줄어 들기 때문이에요. 세자빈 강 씨도 소현세자를 도왔어요. 장사를 하고 농사를 지어 번 돈을 보탰어요.

우리가 도착했을 때, 소현세자는 베이징에 다녀온 길이었어요. 소현세자는 베이징에서 만난 독일인 신부 아담샬에게 들은 서양문물에 대한 이야기를 다시 떠올리는 것 같았어요. 그리고 세계지도인 곤여만국전도˙를 보며 중얼거렸어요. "놀라워. 세계 중심이 중국인 줄로만 알았는데 지구가 둥글다면 어느 나라나 다 세계 중심이잖아."

소현세자가 베이징에서 본 것은 그뿐이 아니었어요. 명나라가 멸

● 곤여만국전도
1602년 이탈리아 신부 마테오 리치가 제작한 세계지도예요.

망한 거예요. 중국의 새 주인이 된 후금은 청나라로 이름을 바꾸고 황제 즉위식을 올렸어요.

"이제 세상이 바뀌었어. 조선에 도움이 된다면 청나라뿐 아니라 서양문물도 받아들여야해."

그러나 동생 봉림대군의 생각은 달랐어요.

"꽁꽁 얼어붙은 땅에서 무릎을 꿇던 아바마마의 치욕을 잊을 수 없어. 그 치욕을 갚아 조선의 자존심을 회복할거야. 지금 당장은 아니라도 청나라를 물리쳐 복수할 기회가 반드시 올 거야. 그때를 위해 군사를 키우고 기회를 엿보아야 해."

두 왕자를 지켜보던 우리는 왕이 될 세자가 서양문물에 관심을 가

졌으니 다행이라며 다음 왕 이야기가 기대된다고 신나했어요.

우리의 대화에 한탐 선생님 얼굴이 좀 어두워졌어요.

"소현세자는 안타깝지만 왕위에 오르지 못해요. 조선으로 돌아간 지 두 달 만에 세상을 떠나거든요. 왕위는 봉림대군에게 넘어가요."

선생님이 말을 이어 갔어요.

"봉림대군인 효종은 청나라를 칠 기회를 엿보며 북벌정책을 추진하죠. 군사를 기르고 성을 쌓아요. 하지만 북벌정책으로 청나라에 복수하지는 못했어요. 조선이 싸워 이길 수 없는 강대국이었고, 그것은 거스를 수 없는 현실이었기 때문이에요."

우리가 아쉬워서 한숨을 내쉬자 역사학자들도 되살리고 싶은 역사 인물 1위로 소현세자를 뽑는다며 어서 비거에 타라고 했어요. 우리는 어린이박물관으로 돌아와 역사 탐방한 내용을 정리하고 집으로 갔어요.

# 우리가 만든 역사 재판

## 한눈에 정리하기

 **질문 하나,**

병자호란에 대해 조사해 왔어요.
어떤 친구가 잘못 조사해서 발표를 하고 있나요?

- 후금은 나라 이름을 청나라로 바꾸고 조선을 침략해 왔어요.

- 병자호란이 일어나자 인조는 북한산성으로 가서 45일 만에 항복해요.

- 인조가 항복하자 후금은 삼전도비를 세웠어요.

- 전쟁 후 포로가 된 조선사람들은 청나라로 끌려가 노비가 되어요. 소현세자와 봉림대군도 끌고 갔어요.

? _____

 **질문 둘,**

광해군 때 한 일은 어떤 일이 있을까요? 문장을 완성해 보세요.

- 백성들에게 쉬운 치료법을 알리기 위해 허준에게 (　　　　)을 완성하게 해요.
- 명나라와 청나라, 그리고 일본과 친한 관계를 유지하는 (　　　　) 외교정책을 펼쳐요.
- 명나라가 지원군을 요청하자 (　　　　)을 대장으로 군사 1만5천을 파병해요.
- 광해군이 펼친 정책에 불만을 품은 신하들은 광해군을 쫓아내고 인조를 새 임금으로 앉히는 (　　　　)을 일으켜요.

 **질문 셋,**

소현세자가 청나라에 가서 한 일에만 동그라미 해 보세요.

- 소현세자는 아담 샬을 만나 서양문물을 배우게 됩니다. (　　)
- 심양관에 머물며 청나라가 요구하는 것이라면 무조건 들어줍니다. (　　)
- 귀국하면서 서양문물인 지구의, 천리경, 천문학책들을 가져옵니다. (　　)

• 정답은 238쪽에서 확인하세요!

## 광해군과 인조를 만나러 시간여행을 떠난다면?

### 1. 피눈물 나는 패배의 현장
* 남한산성

남한산성은 하늘이 내려준 요새에요. 경사가 50도 정도 가파른 산을 타고 올라가야 하는데 한눈에 서울과 성남이 한눈에 들어오죠. 그래서 삼국시대부터 중요하게 여겨졌어요. 남한산성에 가면 백제를 세운 온조 사당이 있는 게 그 증거죠. 조선시대에도 중요하게 여겨져 무슨 일이 생기면 임금이 피난을 올 수 있도록 준비했어요. 그래서 산성 가운데서는 유일하게 임시궁궐인 행궁이 있어요. 이런 요새는 영광보다는 상처가 많아요. 남한산성이 지켜본 역사 가운데 가장 처참했던 상처는 병자호란일 거예요. 14만 청나라 군사가 포위한 가운데 버텼던 45일은 추위, 배고픔, 두려움, 그것보다 더 큰 고통은 아래 벌판에서 백성들이 당하는 고통을 지켜보는 것이었어요. 전쟁이 사라진 남한산성은 아름다워요. 유네스코 세계문화유산이 되면서 잘 정돈된 역사유적지가 되었답니다.

전쟁이 끔찍했는데 지금 남한산성은 너무 평화로워서 마음이 더 아파.

병자호란 때 남한산성은 정말 끔찍했어.

## 2. 광해군이 다시 지은 궁궐
● 창덕궁

15대 광해군부터 조선의 왕들은 대부분 창덕궁에서 생활하였어.

임진왜란이 끝나고 나서 한양으로 왔을 때 모든 궁궐은 다 불탔어요. 그래서 지금 경운궁(덕수궁)에서 머물며 궁궐 공사를 시작했죠. 창덕궁을 가장 먼저 다시 짓고, 이웃한 궁궐 창경궁도 지었어요. 광해군 때 창덕궁이 완성되자 옮겨와 살게 되면서 조선 후기 임금님들은 창덕궁과 창경궁에서 가장 많이 지내게 됩니다. 경복궁은 언제 짓느냐고요? 한참 뒤, 조선 27명 왕 가운데 25번째 왕인 고종 때 지어요.

## 3. 소현세자의 이야기가 깃든 곳
● 창경궁

독살? 그럼 누가 독살을 시켰다는 거야?

창경궁은 창덕궁과 함께 동궐이라고 불렀어요. 담이 없어서 한 궁궐처럼 썼거든요. 창경궁 환경전에서는 소현세자가 돌아가셨어요. 인질 생활 8년 만에 기대에 부풀어서 조선으로 돌아왔지만 아버지 인조는 소현세자를 멀리했어요. 청나라가 소현세자를 왕으로 앉힐까 불안했고, 소현세자가 청나라와 서양문물을 받아들이자는 것도 못마땅했죠. 소현세자는 돌아온 지 두달 만에 병을 앓다가 세상을 떠났어요. 하지만 소현세자 죽음은 아직도 독살당했을지도 모른다는 의심을 받고 있답니다.

# 34 서른네 번째 여행

## 에헤라 좋을시고

### 18세기, 변화하는 조선 사회

**한국사 탐험을 떠나기 전 미리 생각해 올 것!**

물건을 사고파는 시장이 많아져서 상업이 발달하면 어떤 변화가 생길까요? 이 생각이 어렵다면 농촌에 사는 사람들의 생활과 시장 주변에 사는 사람들 생활을 비교해 보세요.

**준비물**

연필과 스케치북

**연표**

- **1620년** 담배가 일본에서 들어와 유행함
- **1645년** 소현세자, 청나라에서 서양문물을 들여옴
- **1662년** 수리시설을 갖추도록 관청을 설치함
- **1678년** 상평통보를 만듦
- **1708년** 대동법 전국 실시
- **1763년** 일본에서 고구마가 들어옴, 서민문화 성장
- **1791년** 난전을 허락함

시장 구경 간다고? 용돈 가져와서 맛있는 거 사 먹어야지 야호!

돈 가져와도 물건 못 사. 쓰는 돈이 다른 거 몰라?

 # 모야 모야 노랑 모야, 모내기하는 사람들

지난 시간 힘든 기억때문에 사총사는 풀이 죽어있었어요. 그런데 한탐 선생님은 아닌가 봐요. 부채를 부치며 걸어오면서 노래까지 부르고 야단났어요.

"오늘은 장 구경을 갈 텐데, 표정들이 왜 이러세요?"

그러면서 이 그림을 그린 사람이 누구인지 아냐며 부채를 펼치자 그림 한 장이 나타났어요. 이 그림, 풍속화가 김홍도 그림이잖아요. 한탐 선생님이 빙고!를 외치더니 말씀하셨어요.

"쉿, 조용히! 이 그림 속에서 소리가 들리는데."

그럴 리가요! 한탐 선생님도 참, 이젠 환청까지 들리시나? 그런데

정말 그림 속에 두 사람이 하는 이야기가 들렸어요.

"여보, 조심해서 다녀오세요."

"사람들에게 인기가 좋은 강경새우젓이니 오늘은 많이 팔릴 것 같소."

우린 너무 놀랍고 신기해서 부채에 얼굴을 바짝 갖다 댔어요. 그러자 신기한 일이 벌어졌어요. 부채 속 그림이 흐물흐물 거리더니, 우리는 차례로 그림 속으로 끌려 들어갔어요. 우리는 아주 작은 몸이 되어 어느새 아주머니 바구니 속에 들어와 있었어요. 한탐 선생님이 들뜬 목소리로 소리쳤어요.

"꼭 잡으세요. 떨어지면 집에 못 돌아갈지도 몰라요."

강가 나루터에는 사람들이 북적이는 시장이 보였어요. 시장으로 향하는, 등에 짐을 진 장사꾼들도 보였죠. 한탐 선생님은 두 번의 전쟁을 극복하고 활기를 되찾은 조선시대 후기로 역사 탐방을 떠난다고 했어요.

에헤라 좋을시고 39

임진왜란과 병자호란 때 황무지였던 곳은 곡식이 자라는 푸른 들판으로 바뀌어 있었어요.

그때 아래 들판에서 노랫소리가 들렸어요.

'모야 모야 노랑 모야 언제 커서 열매 열래, 이달 가고 훗달 가서 칠팔월에 열매 맺지.'

한탐 선생님은 흥겨운 노래에 발장단을 맞추며 신이 나서 이야기했어요.

"조선후기 농사 수확량은 아주 많이 늘었어요. 모내기를 실시한 덕분이었어요. 모내기할 때와 추수 때 일손이 많이 필요했기 때문에 마을 사람들은 함께 일하는 조직인 두레를 만들었죠. 그리고 또 조선후기에는 동물과 사람 똥과 오줌을 이용해 거름 만드는 방법이 개발되어 땅을 기름지게 했던 것도 수확량을 늘리는 데 큰 도움이 됐어요."

그러고 보니 곳곳에서 논밭에 거름을 주고 있었어요. 아까 투덜이가 맡은 냄새는 바로 거름냄새였던 거예요. 수확량이 늘자 물건을 사고파는 상공업도 발달하게 되었대요. 한탐 선생님은 설명이 끝나자 바구니를 꼭 붙들라고 했어요. 다른 곳으로 날아갈 거래요.

● 두레
농촌에서 어려운 일을 서로 돕고, 일손이 많이 필요한 농사일을 함께 하기 위해 만든 마을 조직을 말해요.

# 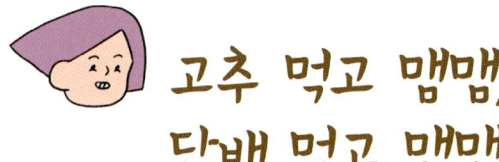 고추 먹고 맴맴, 담배 먹고 맴맴

하늘을 날던 바구니가 천천히 고도를 낮추더니 땅에 내려앉았어요. 우리는 바구니에서 내렸어요. 솟대와 장승 그리고 돌탑이 있는 걸로 보아 아마 이 근처에 마을이 있나 봐요.

마을 가운데 커다랗고 잎사귀가 풍성한 나무가 있었어요. 그 아래 사람들이 모여 이야기를 나누고 있었어요. 한탐 선생님은 무슨 일인지, 가보자고 하셨어요.

"배 서방, 이번에는 뭘 심으려나?"

마을 사람들이 배 서방으로 불리는 사람에게 모두 눈길을 줬어요.

"담배를 심어 보려고요. 담배가 돈벌이가 된다고 하더라고요."

그러자 한 할아버지가 못마땅한 듯 나섰어요.

"곡식농사를 지어야지, 멀쩡한 땅에 담배를 심다니 원."

그렇지만 배 서방은 아랑곳하지 않았어요. 담배 농사를 꼭 지으려나 봐요.

이 모습을 보고 한탐 선생님께서 덧붙여 말씀해 주셨어요.

"이때는 담배, 고추, 호박이 외국으로부터 전래되어 재배되었어

요. 이중 담배 농사는 좋은 돈벌이였어요. 청나라와 무역이 활발해지면서 인삼 농사도 인기가 좋았어요. 고구마, 감자도 이때 들어왔어요. 가난한 농민들에게는 고마운 작물이었죠."

한탐 선생님은 배 서방의 안목을 보니, 몇 년 후에 큰 부자가 되고, 어쩌면 양반이 되어 있을 것 같다며 설명을 덧붙였어요.

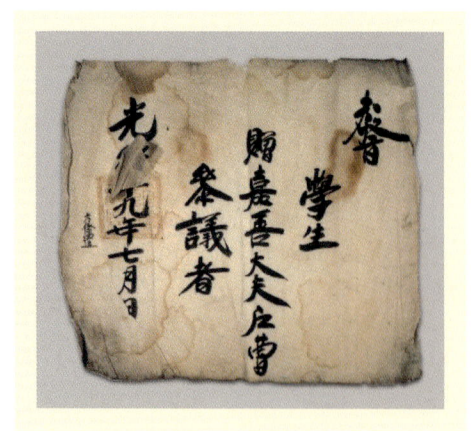

● 공명첩(국립중앙박물관 소장)
'이름 비어있는 임명장'을 가리켜요. 나라의 살림이 어려울 때, 일정한 돈을 나라에 바친 사람에게 명예 관직을 주었는데, 실제 벼슬에 오를 수는 없지만 양반의 신분은 살 수 있었어요.

"전쟁이 끝나고 나라에 돈이 부족해지자 조정에서는 양반 신분을 팔아 나라 살림을 마련했다고 해요. 바로 '공명첩'이라는 것인데요, 이름 쓸 자리가 비었다고 해서 '공명첩'이라고 했죠."

조선후기는 변화가 많은 시기였는데, 이런 변화를 잘 읽어낸 상민이나 천민 가운데 부자가 된 사람들은 양반이 되기 위해, 공명첩이나 족보를 사기도 했어요.

투덜이는 양반을 사고팔면 개나 소나 다 양반이 되겠다며 코웃음을 쳤어요. 한탐 선생님이 투덜이를 보더니 빙긋이 웃으며 이야기를 이어갔어요.

"투덜이가 아주 중요한 이야기를 했어요. 이 시대에는 '돈만 있으면 개도 멍첨지'란 말이 있었어요. 그러니 양반에 대한 사람들 생각은 어땠을까요?"

그리고 양반, 상민, 노비라고 나누는 게 무슨 의미가 있냐고 생각했을 것 같다고 하자, 한탐 선생님이 빙고를 외쳤어요.

"양반, 상민으로 나뉘던 신분제도가 서서히 무너지고 있었어요. 양반이 점점 많아지다 보니, 격에 맞지 않는 양반도 늘어났죠. 그런데도 양반이라고 목에 힘주고 상민을 얕삽아 보고 함부로 대하는 사람들은 여전히 많았어요. 사람들은 그런 양반 앞에서 머리를 숙이지만, 뒤에서는 양반을 비아냥거렸죠."

한탐 선생님은 농촌의 변화, 상공업의 발달, 신분제도가 무너지는 것, 이 세 가지가 조선후기를 변화시키고 있다고 했어요.

# 신나는 시장 구경

사람들이 보퉁이를 이고, 지고 마을 한가운데로 모였어요.

한탐 선생님이 장에 가는 거라고 가만히 이 마을 사람들을 따라가 보자고 했어요. 조선후기 장시 구경을 간다고요.

그러자 장난이가 좋아라고 주머니에서 뭔가 꺼냈어요. 만 원짜리 지폐였어요. 장에 가게 되면 맛있는 거 사 먹으려고 돈을 준비해 왔다고 해요. 그건 여기서 쓸 수 없다며 한탐 선생님은 선물이라고 엽

● 장시
조선후기 전국에 생겨난 정기 시장으로 5일마다 열리는 5일장이 가장 많았어요.

전을 한 닢씩 주셨어요. 동그랗고 가운데에 네모난 구멍이 뚫린 동전이었어요.

"이 엽전 이름은 상평통보에요. 조선후기에 쓰인 화폐죠."

시장 구경하는 데 두 닢이면 될 거라고 하셨어요. "이런 엽전 100개를 묶어 한 냥이라고 해요." 한 냥은 5만 원 정도니까 한 푼 또는 한 닢은 500원쯤 되는 돈이래요.

용돈이 겨우 천 원이라고요? 우린 모두 실망해서 한 푼 더 달라고 한탐 선생님을 졸랐지만 한탐 선생님은 들은 척도 하지 않았어요.

● 상평통보
(국립중앙박물관 소장)

조선 후기에는 상업이 발달하면서, 금속 화폐 사용이 많아졌어요. 상평통보는 '일상에 널리 쓰이는 보물'과도 같은 돈이라는 뜻을 담고 있는데, 실제로 우리나라에서 만들어진 금속 화폐 중 가장 널리 사용된 돈이랍니다.

에헤라 좋을시고

실망스럽지만 두 푼이 어디에요. 사총사가 모두 합치면 여덟 푼이나 되는데. 역사 탐방을 다니다 보니 이런 날도 오네요. 우리는 이 돈으로 뭘 살까 궁리하느라 신이 났어요.

드디어 시장에 도착했어요. 시장은 활기가 넘쳤어요. 시장하면 역시 군것질이죠. 맨 먼저 엿장수를 찾아 엿을 샀어요. 시장 구경은 먹으면서 해야 제맛이죠.

"엿장수 똥구멍은 찐득찐득, 옹기장수 똥구멍은 반질반질, 소금장수 똥구멍은 짭짤짭짤~"

우리는 한탐 선생님한테 배운 적 있는 장시 발달을 알려준다는 노래를 부르며 돌아다녔어요.

그때 한탐 선생님이 헐레벌떡 뛰어오더니 어서 따라오라며 우리에게 어떤 아저씨를 소개해줬어요.

"팔 물건을 등에 진 등짐장수, 걸머지고 다니는 봇짐장수들을 보부상이라고 해요."

맘씨 좋은 보부상을 만났으니 따라가 보자고 했어요.

아저씨 이름은 쇠복이래요. 농사지을 땅을 얻지 못해 장사를 하게

"유과도 맛있겠고 인절미도 맛있겠고"

"저 옷감은 중국 비단이래. 인기가 좋네."

"사회시간에 봤던 특산물이 다 있어. 안성 유기, 전주 한지!"

"나라 안 상공업뿐 아니라 해외무역도 발달했구나."

되었다며 안성장으로 갈 거라고 했어요. 안성장은 조선 3대 시장 중에 하나래요. 그래서인지 없는 물건이 없대요.

"전국에 천 개가 넘는 장이 설 정도로 조선후기 상업과 공업은 발달해요. 그 가운데 상업이 가장 발달한 곳은 한강이었어요. 한강에는 경강상인들이 활동하는데 마포와 송파가 가장 큰 시장이었어요."

한탐 선생님은 큰 시장에 왔으니 특별히 엽전 한 닢씩을 더 준다며 재미있게 구경하라고 했어요.

쇠복이 아저씨는 객주로 가서 팔 물건을 사야겠다고 했어요. '객주'가 뭔지 몰라 고개를 갸우뚱하자 한탐 선생님이 알려주셨어요.

"객주가 뭔가 궁금하죠? 안성장 같은 큰 시장은 많은 양의 물건을 사들이고 다시 파는 큰 상인들이 있어요. 객주라고 하죠."

객주는 아주 붐볐어요. 물건이 들어오고 나가느라 정신이 없을 정도로 분주했어요. 전국에서 특산물이 들어오고

조선후기 대표 장시

청나라에서 온 물건도 가득했어요. 객주는 중간 상인 역할을 하면서 물건을 맡아주기도 하고 상인에게 돈을 빌려주기도 했어요.

쇠복이 아저씨는 물건을 산 뒤 수원장으로 갈 생각이래요.

수원에는 알짜배기 부자들이 많다며 아저씨는 소반이라는 작은 밥상을 여러 개 샀어요. 예뻐서 인기가 좋을 것 같다고요.

"그런데 밥상이 왜 이렇게 작아요. 반찬수를 적게 놓고 먹어서 그런 거예요?"

"양반들은 한 사람이 한 상씩 따로 받아 독상을 쓰지. 양반네들 잔치 때 이런 소반이 많이 필요하니 가면 잘 팔릴 것 같단다."

쇠복이 아저씨는 물건을 챙기더니 수원장으로 떠났어요.

한탐 선생님은 조선 최대 시장을 안 가볼 수 없다며 운종가로 가자고 했어요. 한탐 선생님이 손바닥에 들고 있던 부채를 딱 치며 펼치자 아까 탔던 바구니가 나타났어요.

 # 조선 최대시장 운종가

운종가는 안성장하고는 분위기가 사뭇 달랐어요. 동쪽 흥인지문에서 서쪽 돈의문까지 쫙 뻗은 길 양쪽으로 번듯한 가게들이 줄지어 서 있었어요. 길에 벌여 놓고 파는 '난전'이나 보부상들도 볼 수 없었어요. 차림새만 봐도 부유해 보이는 주인아저씨들은 어깨에 힘이 딱 들어가 있었어요.

"여기가 어디라고 와서 장사를 하려는 거냐!"

돈의문 밖에서 안으로 기웃거리며 들어오던 아저씨가 있었어요.

● 운종가(서울역사박물관 모형)
운종가는 한양에 위치한 조선의 대표적인 시장이에요. 구름처럼 많은 사람들이 모였다 흩어지는 거리라는 이름답게 조선 각지에서 진귀한 물건이 가득했어요. 지금 서울의 종로를 중심으로 한 곳이랍니다.

생선을 팔아 볼까 하고 들어왔나 봐요. 그러자 어느새 몸이 건장한 아저씨가 나타났어요.

건장한 아저씨는 좌판을 발로 차서 생선을 아주 못 쓰게 만들어 버렸어요. 그리고 남은 생선을 챙기더니 가져가며 말했어요.

"운종가 시전에서는 허가받은 사람만 생선을 파는 것 모르는가? 만약 허락 없이 팔 경우 시전에서 물건을 뺏어갈 수 있다는 것도 기억하게. 그게 바로 나라에서 시전상인에게 준 금난전권일세."

우리는 어쩜 저렇게 못된 아저씨가 있냐고 뒤통수를 노려보았어요.

"금, 난전, 권은 '난전'을 금지할 수 있는 권리란 뜻이에요. 사대문 안 한양에서는 운종가에 있는 시전상인만 장사를 할 수 있었어요. 특히 6가지 물건을 파는 육의전은 시전 중에서도 가장 힘 있는 시전상인이었어요. 저 사람이 바로 금난전권을 가진 시전상인이에요."

사총사는 한목소리로 전국에 장시가 늘어나고 여기저기 큰 시장이 열리는데, 금난전권은 시대에 뒤떨어진 법이 아니냐고 했어요.

"그래서 정조는 금난전권을 폐지한다는 발표를 하게 된답니다."

한탐 선생님은 이렇게 말하고 시간을 보더니 시간이 벌써 이렇게 됐냐며 송파장으로 서둘러 가자고 했어요. 좋은 볼거리를 놓치겠다면서 말이에요.

한양을 끼고 흐르는 한강에는 큰 장이 많았는데, 여기서 활약하는 사람들을 경강상인*이라고 한대요. 송파장은 그중 대표 장이라고 해요. 송파장이 서던 곳에 지금은 잠실 롯데월드 옆의 석촌호수가 있다고 해요.

● 경강상인
한강을 끼고 뱃길과 육로로 전국을 누비던 상인을 말해요.

# 세상 소식
# 전해 듣는 시장

송파장에 도착하니 사람들이 모여서 깔깔대고 웃는 곳이 있었어요.
"늦지 않았네요. 여러분은 정말 운이 좋은 거 같아요. 탈춤 송파 산대놀이를 볼 수 있다니. 어서 가서 봐요."

탈춤은 막 시작하던 참이었어요. 말뚝이 탈과 양반 탈을 쓴 세 사람이 나와 있었어요. 탈놀이에서 말뚝이가 양반을 놀릴 때마다 사람들은 깔깔대며 웃었어요. 송파장처럼 큰 시장이 있는 곳은 탈춤이 유명했대요. 송파는 산대놀이, 양주에는 별산대, 황해도 은율처럼요. 탈춤은 큰 시장 객주들이 후원을 해줬다고 해요. 시장에 사람이 많이 모여야 물건도 잘 팔리기 때문이겠죠. 아, 그러니까 탈춤은 사람들을 끌어모으는 조선시대식 이벤트인 셈이었네요.

한바탕 구경꾼들을 들었다 놨다 웃기고 울리던 탈춤이 끝났어요. 그래도 사람들은 흩어지지 않고 삼삼오오 모여서 이야기를 나누고 있었어요.

"이보게 소식 들었나? 이제 공물을 내지 않고 쌀이나 돈으로 대신 낸다지?"

"그 공물이란게 특산물을 내는 것 아닙니까? 특산물을 안 내면 나라에서는 그걸 어떻게 구해 쓴답니까?"

"땅을 가진 만큼 쌀이나 돈을 거둬 필요한 것을 장사꾼들한테 사서 쓴답니다."

그러자 한 사람이 무릎을 치며 말을 이어갔어요.

"아, 그렇게 좋은 방법이 있군요. 우리 동네는 나지도 않는 오징어를 내라고 해서 얼마나 힘들었는지 모릅니다. 중간에서 사또랑 장사꾼이 짜고 값을 올려 바가지를 씌워도 속만 끓였는데 나라에서 물건을 사서 쓴다면 사또와 장사꾼들 농간은 없어지겠네요."

"이걸 대동법이라고 한답니다."

"광해군 때 경기도에서 시작했는데 100년이 지난 지금에야 전국 실시를 한다잖습니까!"

대동법이 제대로 실시되는 데 100년이나 걸렸다는 말에 깜짝 놀랐어요. 땅 가지고 세력있는 양반들이 반대했기 때문이래요.

사람들이 그러다가 갑자기 목소리를 낮췄어요. 그리고 부자와 양반들만 골라 혼내준다는 장길산이란 도적 이야기를 하기 시작했어요.

"나라에서 잡으려고 애를 써도 잡히지 않는답니다. 벌써 10년이 넘었지요."

못된 사또와 양반을 혼내준다니 속이 다 시원하다며 우리 동네에도 나타났으면 좋겠다고 입을 모아 말하기도 했어요.

장길산 이야기를 들으니 그때 사람들이 무엇을 바랐는지 알 수 있었어요.

한탐 선생님은 다음 시간에는 조선시대 옛날이야기와 소설, 판소리, 그림 속으로 여행을 떠난대요. 조선 사람들의 희망과 소망을 찾

아서요.

　한탐 선생님은 이제 박물관으로 가서 오늘 배운 내용을 수업을 마무리하자고 했어요. 다시 부채를 손바닥으로 치자 바구니가 나타났어요. 다시 박물관으로 돌아와 여행기를 쓰고 집으로 돌아왔어요.

# 한눈에 정리하기

 **질문 하나,**
여러분이 역사 탐방을 마치고 집으로 가려면 암호를 알아야 해요.
맞는 이야기를 한 것을 찾아 번호를 쓰면 암호가 된답니다.
암호는 다섯 자리입니다.

❶ 모내기를 하면서 일손은 절반으로 적게 들고, 수확은 두 배로 늘었어요.
❷ 수확이 늘어나자 농촌에 사는 백성들 모두가 풍요로워졌어요.
❸ 인삼, 담배는 농민들에게 좋은 돈벌이가 됐어요.
❹ 탈춤에서는 양반을 비꼬고 비판했어요.
❺ 조선시대 상업이 발달하자 운종가에서도 누구나 장사를 하게 됐어요.
❻ 5일장 7일장 같은 장터를 떠돌며 장사하는 사람들을 시전상인이라고 해요.
❼ 한양에는 한강 가에 큰 상인들이 활동했는데 '경강상인'이라고 해요.
❽ 특산물을 쌀이나 돈으로 걷는 대동법은 경기도에서만 시작하다가 전국에 실시하는데 무려 100년이 걸렸어요.
❾ 시장에서는 쌀과 베로만 물건을 교환했어요.
❿ 외국 물건은 나라에서만 사고팔았기 때문에 객주는 우리나라 물건만 사고팔아야 했어요.

| | | | | |
|---|---|---|---|---|
| | | | | |

• 정답은 238쪽에서 확인하세요!

## 상공업이 발달한 조선후기로 시간여행을 떠난다면?

### 1. 조선 최고의 번화가 운종가를 찾아서

● 서울역사박물관

한양의 대표 시장인 운종가는 지금의 종로예요. 종로는 조선 오백 년 역사의 경제 중심지이고, 지금도 많은 사람들로 붐비는 서울의 수도이지요. 그러나 지금은 조선 시대 운종가의 흔적을 찾아볼 수 없어요. 운종가에 대해서는 서울역사박물관 상설전시 1존에 가면 그 모습을 짐작할 수 있어요. 이곳에는 운종가를 재현한 모형이 있는데, 활기찬 조선시대 시장의 모습을 상상해 볼 수 있지요. 조선 최고의 번화가인 운종가에는 늘 전국에서 올라온 진귀한 상품들로 넘쳐났어요. '시간을 알리는 종이 있고, 사람들이 구름처럼 몰려드는 거리'라고 해 운종가라고 불렀는데, 2층으로 된 기와 건물이 양쪽으로 줄지어 있었어요. 위층은 창고로 쓰고 아래층은 가게였죠. 운종가에는 나라에서 허가한 시전이 있어요. 시전은 한양에서 유일하게 장사를 할 수 있는 허가를 받은 가게예요. 서울역사박물관에서는 옛 한양의 모습도 전시되어 있답니다. 한양의 북촌과 중촌, 남촌의 모습을 통해 조선 후기의 생활 짐작해 보아요.

와, 멋졌겠어요. 2층으로 된 건물에 사람들이 구름떼처럼 몰려들었다니.

시전만 가게를 할 수 있다면 자기들만 부자가 되려고 했겠는데.

## 2. 한양을 대표하는 두 난전을 찾아서

● 남대문시장과 동대문시장

> 남대문, 동대문에 큰 시장이 있는 게 다 이런 역사에서 비롯된 거네.

난전 상인들은 금난전권을 가진 시전 상인들에게 방해를 받았지만, 나날이 시세를 넓혀가고 있어요. 한양에서 가장 큰 난전은 숭례문(남대문) 옆에 칠패와 흥인지문(동대문) 근처 배오개(이현)시장이 있었어요. 이 시장은 꾸준히 성장해 오늘날에는 남대문시장, 동대문시장으로 우리나라를 대표하는 시장이 되었죠. 지금 남대문시장과 동대문시장에서 옛 조선 시대 시장의 흔적은 찾을 수 없지만, 두 시장의 뿌리가 칠패와 이현이었다는 사실은 기억해 주길 바라요. 칠패는 한강가인 마포, 서강으로 이어져 특히 해산물을 파는 어물전이 많았대요. 배오개시장은 여러 지방에서 올라온 곡물, 과실, 채소, 포목 등을 판매했어요.

두 시장은 처음에는 물건을 가지고 와 자리를 펴고 파는 노점이 많았어요. 농촌에서 땅을 잃고 살길을 찾아 떠나온 농민들이었지요. 그러다가 점점 큰 상인들이 나타났어요. 큰 상인들은 물건을 받아 팔아주는 객주를 했어요. 지금으로 말하면 도매상인이죠.

> 생선을 사려면 칠패, 과일을 사려면 이현으로 가야 했어.

# 35 서른다섯 번째 여행

## 문화를 꽃피우는 서민들

### 조선후기 서민문화

**한국사 탐험을 떠나기 전 미리 생각해 올 것!**

한글 소설을 읽어 오세요.
춘향전, 심청전, 흥부전, 홍길동전
아무거나 좋아요. 그림책에서
민화와 풍속화도 미리 보고 오세요.
판소리나 탈춤을 감상하고 오면
더 좋아요.

**준비물**

무엇보다 문화를 즐길 수 있는 마음을
잊지 말고 꼭 챙겨오세요.

**연표**

- 1630년
  광대들이 전국에서 탈놀이를 발전시킴
- 1725년
  공명첩 1000매 발급
- 1770년경
  풍속화가들이 활동(김홍도, 신윤복)
  관직을 사고파는 일이 크게 늘어남
- 1785년
  김범우네 집에서 천주교회가 세워짐
- 1786년
  천주교를 금지함
- 1791년
  난전을 허락함
- 1800년
  정조가 죽고 난 뒤 자유로운 문화가 위축됨

홍길동은 진짜 연산군 때 있었다고 해.

# 서당 가는 아이들

"오늘은 여러분 표정이 아주 밝네요. 김홍도 아저씨를 만나는 걸 아나 보네요." 김홍도 아저씨? 누군지 알게 뭐람~ 하고 있는데 선생님은 그림을 한 장 똑똑이를 주며 펼쳐보라고 하셨어요. 똑똑이는 두루마리 그림을 펼쳤어요.

타작하는 모습을 그린 그림이었어요. 그런데 그림 속 돗자리가 뒤집어지면서 우리는 어느새 추수하는 마당에 있었어요. 한참 동안 믿기지 않아 어리둥절했어요. 우리 곁에 붓통과 두루마리 종이를 맨 웬 아저씨가 서 있었어요. 설마 김홍도? 맞아요?

이렇게 놀라운 일이 일어나다니! 그때 정신을 차리게 하는 소리가 들렸어요.

"아버지 저 서당 다녀오겠습니다."

마당에서 일을 돕던 아이가 서둘러 책보자기를 어깨에 맸어요. 아이가 종종걸음으로 서당으로 달려가자 우리는 잽싸게 따라갔어요.

"순돌이 왔느냐! 어서 들어오너라."

아, 이 아이 이름이 순돌인가 봐요. 서당 안에서 훈장님이 순돌이를 맞이했어요.

훈장님이 숙제를 했느냐고 묻자 순돌이가 움찔거리더니 아버지를 돕느라 못했다고 겨우 대답을 했어요.

그러자 한편에서는 이거 보며 대답하라고 책을 밀어주는데 한편에서는 형편도 안 되면서 서당은 왜 다니냐고 핀잔을 주었어요.

"예끼 이놈들, 양반이나 상놈이나 함께 공부하면 모두 동기니라. 어찌 동기가 어려움을 겪고 있는데 돕지 않고 무안을 주고 그러느냐. 고얀 놈들!"

훈장님은 놀리는 아이들을 혼내주었어요. 아주 속이 시원했어요.

순돌이는 놀리는 양반 아이들 때문에 속이 상했는지 훌쩍훌쩍 울

● 김홍도의 서당
훈장님께 회초리를 맞은 아이와 그 모습에 웃는 아이들의 모습이 익살스럽게 담겨있어요.

기 시작했어요.

김홍도 아저씨는 그 장면을 종이에 재빠르게 그림을 그렸어요.

"조선후기에는 서민들도 자식들을 서당에 보냈어요."

상민 아이들은 농사일과 공부를 같이 하려면 힘들 것 같아요. 그래도 꾸벅꾸벅 졸면서도 공부하려는 모습이 기특했어요.

수업이 끝나자, 순돌이가 책보자기를 주섬주섬 챙기더니 곧장 어디론가 달려갔어요.

# 이야기 속에는 우리 꿈이 있어요

 순돌이가 간 곳은 담배 가게였어요.

 "전기수 아저씨 왔어요?"

 짚신을 후딱 벗어 던지고 방으로 들어갔어요. 방 안에서는 말린 담뱃잎을 가지런히 모아주면 작두로 잘게 잘라서 상자에 담는 일을 할 채비를 마쳤어요. 준비가 끝나자 방 안에 있는 사람들은 부채든 아저씨에게 어서 이야기를 읽어달라며 재촉했어요. 그러자 전기수 아저씨가 말했어요.

 "《홍길동전》 지난번 어디까지 했더라~ 그래, 이번에는 여기서부터 하면 되겠군요."

 전기수 아저씨는 책을 펼치더니 부채로 박자를 맞춰가며 책을 읽기 시작했어요.

 "저기 책 읽어주는 사람을 전기수라고 해요."

 한탐 선생님이 귓속말을 했어요.

 순돌이는 전기수 손짓, 표정을 아주 찬찬히 살피며 이야기에 몰입했어요. 서당에서와 완전히 다른 눈빛이에요.

문화를 꽃피우는 서민들

● 김홍도의 담배썰기

담뱃잎을 정리하고 써는 사람의 모습이 담겨있어요. 책을 읽어 주는 사람이 때문인지 즐거운 표정들이에요.

김홍도 아저씨는 눈이 반짝하더니 종이를 펼쳐 빠른 손길로 이 장면을 화폭에 담았어요.

그런데 전기수 아저씨가 책을 읽다 말고 이렇게 중얼거리지 뭐예요. 뜸을 들이기 시작했어요.

"재미있는 소설책이 많아 다음에는 무얼 읽어 드릴지 고민입니다. 판소리로도 인기가 높은 《흥부전》, 《춘향전》, 《심청전》을 읽어드릴까 《전우치전》이나 《구운몽》을 읽어드릴까? 김만중이란 양반이 유배를 가자 홀로 계신 어머니를 위해 썼다는 달콤한 사랑 이야기 《구운몽》은 따끈한 신간인데, 얼마나 재밌는지 한 번 들으면 뒷이야기가 궁금해 잠을 못 잘 정도랍니다."

전기수가 뜸 들이는 시간이 길어지자 듣던 사람들이 뒷이야기가 궁금해 엽전을 슬며시 밀어주었어요.

선생님은 우리가 전기수에 관심을 보이자 신이 나서 말씀하셨어요.

"이때는 소설이 아주 인기가 높았어요. 서민들 생각을 대신 속 시원하게 얘기해주니까 좋아했죠. 그래서 책 대여점인 '세책가'도 있었고, 글을 모르는 남자들을 상대로 장터 같은 곳에서 책을 읽어주

는 전기수도 있었어요." 우리도 한글소설이라면 좀 알죠. 이야기로도 듣고 책도 읽었으니까요.

이때는 백성들의 꿈과 소망을 담은 이야기와 세상의 잘못된 것은 비꼬는 사설시조 같은 서민문학이 발달했다고 한탐 선생님이 설명해주셨어요.

전기수 아저씨 이야기가 끝나자 순돌이는 아쉬운 듯 천천히 자리에서 일어났어요.

 # 우리 마을에 떠돌이 화가가 왔어요

순돌이 뒤를 따라갔더니 정자나무에 사람들이 모여 있었어요. 마을에 떠돌이 화가가 왔대요. 등에 매고 있던 종이뭉치와 붓통을 풀어 놓고 그림 한 장을 그려냈어요. 손이 빠르게 몇 번 스치고 지나가자 까치가 앉은 소나무와 호랑이가 그려진 그림이 완성되었어요. 지켜보던 사람들이 모두 와아~ 감탄을 했어요.

"이건 '호작도'라는 그림입니다. 이 그림을 집안에 걸어두면 호랑이가 나쁜 기운을 막아주고, 까치가 좋은 소식만 전해주니 경사스러운 일만 생기게 됩니다."

화가가 와서 그림을 그린다는 소리가 퍼지자 마을 사람들이 하나둘씩 모여들었어요. 순돌이 아버지도 왔어요.

"물고기 한 쌍 그림은 자식을 많이 낳게 하고 모란은 부귀영화를 누리게 합니다. 그림마다 다 뜻이 있지요." 화가가 그림을 소개하자 너도나도 그림을 주문하기 시작했어요.

그때 순돌이 아버지가 과거 합격을 기원하는 그림은 없느냐고 했

순돌아, 어서 책을 읽어라. 한시라도 공부를 소홀히 해서는 안 된다.

문화를 꽃피우는 서민들

● 김홍도의 자리짜기

가난한 부모님은 늘 힘든 일을 하고 있지만, 아들은 열심히 공부하고 있어요. 아이들은 미래의 꿈나무이니까요.

어요. 화가는 그런 게 왜 없겠냐며 붓을 잡더니 슥~ 잉어 한 마리가 물살을 박차고 솟아오르는 그림을 그렸어요.

"중국 황하 물줄기를 타고 올라가면 용문이란 계곡이 있답니다. 물살이 아주 빠른 폭포가 있는데 그 밑에 사는 잉어가 폭포를 뛰어오르면 용이 된답니다. 이걸 붙여 놓으면 용이 된 잉어처럼 과거에 급제해 출세할 겁니다."

순돌이 아버지는 그림이 만족스러운지 얼른 집으로 향했어요.

집에 도착하자 벽장에 그림을 붙이고 아주 뿌듯해하셨어요. 그리고 나서는 곧 순돌이 어머니는 물레를 돌려 베를 짤 실을 짰어요. 아버지는 장에 내다 팔 돗자리를 짰어요.

순돌아, 한시라도 공부를 소홀히 해서는 안 된다.

순돌이네는 원래 양반이었대요. 집안이 가난해지면서 상민과 다를 바 없는 몰락한 양반이 되었다고 해요. 그래서 순돌이를 서당에 보내 공부시키며 과거에 합격하기를 바라고 있어요. 순돌이 아버지는 순돌이가 설움 없이 살려면 과거에 급제하는 길밖에 없다고 생각하거든요.

# 빨래터에서 이야기가 꽃피어요

● 김홍도의 씨름
단오날 흥겨운 씨름이 벌어졌어요. 이기길 바라는 사람들의 표정이 생동감 있게 표현되어 있어요.

 순돌이네 마을 정자나무 아래에는 큰 돌이 세 개가 있어요. 가장 작은 돌을 넘기면 어른으로 인정을 받아요. 그러면 두레에 들어갈 수 있고 품삯도 어른하고 똑 같이 받게 되고 장가도 갈 수 있게 되죠. 두 번째 돌을 들면 '장사'라고 대접받고, 가장 큰 돌을 넘기면

'머리 나이'라고 해서 품삯을 두 배로 받게 되죠.

"이번 씨름대회에서는 누가 소를 탈 거 같냐? 작년에는 김첨지네 쇠돌이가 탔는데 쇠돌이를 이길 사람이 나올까?"

순돌이도 씨름대회에 나가고 싶은 욕심이 있나 봐요. 슬그머니 가서 들돌들기 연습을 하더라구요.

한탐 선생님은 잠시 후 동네에서 씨름대회가 열리는데 남녀로 나눠서 역사 탐방을 해야 한다고 했어요.

"남녀칠세부동석. 조선시대에서는 어느 정도 나이가 되면 남자와 여자가 하는 일과 사는 공간이 나뉘어요."

남자친구들은 순돌이랑 씨름 구경을 하고 여자친구들은 순돌이

누나랑 순돌이 어머니를 따라 냇가로 갔어요.

　빨래감을 갖고 냇가에 앉자마자 곧 혼례를 할 순돌이 누나 이야기가 화제였어요. 하지만 순돌이 누나는 기쁘지 않은 듯했어요.

　"시집가는 거 뭐가 좋겠어. 부모님을 떠나 얼굴도 모르는 시댁에 가서 눈 감고 귀 막고 입 막고 3년을 살아야 하는데. 시집가는 게 좋기만 하겠어?"

　한 아주머니가 말하자 고추보다 맵다는 시집살이 이야기들을 하기 시작했어요.

　"임진왜란을 기준으로 전과 후에 여성의 삶은 완전히 달라져요. 임진왜란 전에는 여성이 크게 차별받지 않았는데 후에는 유교식 가정생활이 뿌리를 내려 남성중심으로 바뀌게 되죠. 남녀 생활하는 공간도 분리되기도 했어요."

　한탐 선생님은 좋은 집안에서 태어나 재능이 뛰어났지만 삶이 너무나 달랐던 신사임당과 허난설헌을 비교하면 시집살이가 얼마나 조선시대 여성들의 인생을 바꿔놓는지 알 수 있다고 했어요.

　"신사임당은 그림 작품이 많이 남아있는데 왜 그런지 아세요? 시집살이를 하지 않았기 때문이기도 해요."

　신사임당은 혼인을 하고 남편이 강릉 신사임당네 집으로 와서 처가살이를 했대

요. 신사임당은 부모로부터 재산도 물려받고 부부 사이에서 당당하게 자기주장을 펼치며 글을 쓰고 그림을 그리며 자신의 재능을 꽃피울 수 있었다고 해요.

"하지만 허난설헌은 달랐어요. 혼인하고 시댁에 가서 시집살이를 했죠."

시댁에서는 허난설헌이 글을 읽고 쓰는 것을 달가워하지 않았대요. 남편은 자신보다 뛰어난 허난설헌을 부담스러워하며 멀리하기까지 했대요. 허난설헌은 조선의 여성으로 태어난 게 평생의 한이라고 하며 한숨 속에 살다가 끝내 27세에 세상을 떠나고 말아요. 그리고 글 쓰는 재주가 자랑스럽기보다 오히려 자신의 인생의 짐이었는지 죽거든 모든 글을 태워달라고 유언을 남기죠.

"더 가슴 아픈 것은 죽은 뒤 여성이라는 이유로 작품까지도 외면당했다는 거예요."

허난설헌의 동생 허균은 누나 시를 태울 수 없어 시집으로 펴내고 조선 선비들에게 보여줬어요. 그런데 여성이 썼다는 이유로 선비들은 하찮게 평가했어요. 한편 허균이 중국 사신으로 갈 때 가져가 보여주자 훌륭한 작가라는 칭찬을 받으며 시집은 베스트셀러가 되었대요.

● 신윤복의 단오풍정
단오날 여인들이 그네를 타고 몸을 씻으며 즐거운 시간을 보내고 있는 풍경이 담겨있어요.

● 김득신의 노상알현도
길을 가다 마주친 양반에게 인사를 하는 백성의 모습을 통해, 조선의 신분제도를 엿볼 수 있어요.

차별은 참 안 좋은 것 같아요. 그 아까운 재능을 펴지도 못하고 원망하며 살다가 가야 한다니.

눈물을 찔끔거리며 시집살이 이야기를 듣다 보니 빨래가 다 끝나 마을로 돌아왔어요.

우리 선생님 저기 계시네요. 농악소리에 맞추어 동네 사람들과 어울려 신나게 춤추고 노느라 집에 돌아갈 생각을 하지 않네요. 우리는 김홍도 아저씨에게 작별인사를 했어요. 아저씨는 또 풍속화를 그리기 위해 떠난다고 했어요.

오늘 역사 탐방에서 만난 조선후기 사람들한테서는 자신감이 느껴졌어요. 어떤 어려움이 와도 포기하지 않고 활기찬 세상을 만들었다는 자신감. 서민들 스스로 이 일을 해냈다는 뿌듯함. 우리 조상들은 참 대단해요.

# 풍속화 속 사총사 숨기기

내가 과거급제를 하는 것이 원래 양반이었던 부모님의 마지막 희망이야.

양반과 상놈이 붙었는데 양반이 졌네. 재미있는 경기에 엿이 잘 팔리겠어.

돈을 주고 양반이 될 수 있다고 해도 여전히 신분제도는 엄격했어.

일만 하던 내가 양반들만 다니던 서당에 다니려니까 공부할 시간이 모자라.

**질문 하나,**
조선후기 유행했던 서민문화에요. 서로 연결해 볼까요?

평시조   ㄱ

한글소설   ㄴ   이몸이 죽고죽어 일백번 고쳐죽어
백골이 진토되어 넋이라도 있고없고
님향한 일편단심 가실줄 있으랴

풍속화   ㄷ

민화   ㄹ   홍길동전, 춘향전, 심청전, 흥부전,
별주부전, 장화홍련전

• 정답은 238쪽에서 확인하세요!

## 조선후기 서민문화를 찾아 시간여행을 떠난다면?

### 1. 조선의 옛 그림을 찾아서
● 국립중앙박물관 회화실

> 그림만 봐도 내가 조선시대에 와 있는 것 같아.

> 은근히 양반을 비꼬고 서민을 편들어 주는데. 김홍도도 신윤복도 마찬가지야.

국립중앙박물관 상설전시관에서 2층으로 올라가 보면 회화실이 있어요. 이곳에 가면 우리 그림이 조선후기에 어떻게 풍속화로 꽃피우게 되는지 알게 하는 그림들이 전시되어 있죠. 실감 나는 우리 산과 강을 담은 정선의 진경산수화, 서민의 생활을 그린 풍속화가 전시되어 있어요. 하지만 이런 그림은 이름있는 화가들이 그렸기 때문에 당시 서민들이 감상하긴 어려웠어요. 서민가까이 있으면서 서민들의 소망을 들어주던 그림은 민화랍니다.

## 2. 조선후기 한글문화의 이모저모

• 국립한글박물관

> 참 다행이다 한글이 있어서. 양반들은 하는 행동도 못마땅한데 글도 재미없어.

> 서민들은 한글로 쓴 글을 함께 모여서 나누고 즐겨. 그럼 생각이 더 깨겠는 걸.

국립중앙박물관과 이웃해서 국립한글박물관이 있어요. 쉽고 과학적인 우리 글자가 어떻게 사용되고 전해 왔는지 알 수 있어요. 조선후기는 한글이 서민에게 아주 사랑받던 시대였어요. 내용도 풍부해지고 쓰임도 다양해졌죠. 양반들이 표현할 수 없는 것들을 거리끼지 않고 표현했어요. 한글로 쓴 시조, 소설, 옛이야기, 전설은 물론이고 판소리, 탈춤도 한글로 남겼어요. 한글이 널리 쓰이지 않았다면 이런 재미있는 이야기들을 만나지 못했겠죠?

# 36 서른여섯 번째 여행
## 시대를 여는 새로운 움직임

### 새로운 사상, 실학

**한국사 탐험을 떠나기 전 미리 생각해 올 것!**

지금까지 시간여행에서 만난 조선, 당장 바꿔야 할 게 뭐라고 생각하나요? 또, 어떻게 바꾸는 게 좋을까요?

**준비물**

실학자들을 인터뷰할 수첩과 필기도구

**연표**

- 1708년 대동법 전국실시
- 1759년 홍대용이 나경적과 혼천의 제작
- 1783년 박지원 〈열하일기〉 씀
- 1793년 수원화성 쌓기 시작함
- 1798년 박제가 〈북학의〉 서서 올림
- 1801년 정약용 강진으로 유배
- 1861년 대동여지도 초간 발행

실학자들은 고짜하고는 달라. 정약용, 박지원 같은 학자를 말해.

# 이상한 양반, 김육

선생님을 만나러 박물관을 가는데 발걸음이 저절로 옮겨졌어요. 별난 사람을 만난다니 재미있을 것 같았거든요.

"어제 저녁에 실학자들한테 다 연락해 놨어요. 오늘 갈 테니 기다리시라고."

이렇게 말하며 데리고 간 전시실에는 조선시대 한강 가를 재현한 모형이 있었어요. 한강에 있는 나루터에는 시장이 열리고 배들이 여러 척 오가고 있었고요.

"요즘 한강 모습하고는 많이 다르네요. 가보면 안 돼요?"

이렇게 말하자마자 물결이 꿈틀꿈틀 일렁이더니 전시실 불이 한순간에 꺼졌다가 다시 켜지자 우리는 어느새 나루에 와 있었어요.

"오실 시간이 됐는데."

선생님은 주변을 두리번거리더니 숯장수를 발견하고 우리보고 따라오라고 했어요. 숯장수는 물건을 상인한테 넘기고 선생님이랑 인사를 나눴어요.

"이 분은 김육이라고 해요. 지금은 시골에서 농사를 짓고, 숯을

구워 팔고 있죠." 연기에 까맣게 그을린 아저씨가 우리에게 반갑게 인사를 했어요.

"양반도 일을 해야 한다는 게 내 생각이에요. 글만 읽으니 백성들 처지를 모르고 백성을 위한 정치를 하지 않는 겁니다. 난 요즘 대동법을 연구하고 있어요."

선생님이 우리가 '대동법'을 모른다고 설명할까 봐 얼른 말했어요.

"지난번 시장에서 들었어요."

김육은 대동법을 안다고 하니까 매우 좋아했어요.

"내 운명을 걸고 대동법을 확대해 실시할 겁니다. 백성을 위하는 정책은 우선이 무엇인가를 따지고 시행하려는 의지가 문제이지 현실은 문제가 되지 않아요."

한탐 선생님은 광해군 때 양반들 반대로 경기도만 실시할 수밖에 없었던 대동법을 김육은 나중에 영의정에 올라 자신의 운명을 걸고 충청도, 전라도 지방까지 대동법을 넓혀 실시하도록 했다고 했어요.

김육을 처음 만났을 때 인상이 좋지 않았어요. 그런데 알고 보니 멋진 아저씨였네요. 백성들 가까이에서 함께 생활하며 백성들을 도울 방법을 고민하고 실천하는 분이었어요.

"이런 분을 실학자라고 하지."

똑똑이가 아는 체했어요. 한탐 선생님은 김육을 실학의 시조라고도 한다며 오늘은 실학자들을 만나러 갈 거라고 했어요. 김육 같은 분이 있어서 우리 역사가 자랑스러워요. 한탐 선생님은 배를 타고 서해로 가서 이상한 양반을 한 명 또 만난다고 했어요.

# 별난 양반, 실학자 유형원

　배는 변산반도에 도착했어요. 변산반도에서도 우동리 반계 유형원 집을 찾아갔어요. 산 중턱에 자리한 유형원의 공부방에는 책이 만 권은 넘게 꽂혀 있었어요. 마을은 넓은 들이 펼쳐져 있고 멀리 바다가 보이는 아름다운 곳이에요. 여기서 유형원은 공부도 하고 동네 청년들을 가르친대요. 그런데 유형원은 여행을 떠나고 학생들만 있었어요.

　유형원과 약속을 해놨다고 하더니 우리 선생님 바람 맞으셨네요.

우리는 공부방을 기웃거리기 시작했어요. 딱히 다른 일 할 일도 없잖아요. 방 안에 학생들이 나누는 이야기에 귀를 기울였어요.

"우리 선생님은 참 별나지? 다른 양반처럼 벼슬이나 과거시험 따위는 쳐다보지 않고 직접 농사짓고 여행 다니고 공부하고 책 쓰고."

한 학생이 책을 끌어당기며 자랑스러운 표정으로 말했어요.

"자유롭게 하고 싶은 것을 탐구하는 게 진짜 공부지. 이번에도 책을 쓰고 계시던데, 제목을 《반계수록》이라고 한대."

반계수록? 똑똑이가 갑자기 아는 체를 했어요.

● 반계수록(국립중앙박물관 소장)

유형원의 수필집이에요. 사회 개혁에 대한 자신의 생각을 담았는데, 특히 '송곳을 꽂을 만한 땅조차 갖지 못한' 백성들을 위해 균등하게 땅을 나누어야 한다는 토지 개혁을 주장하였어요.

"'반계'는 유형원 선생님의 호야. 반계 유형원은 실학의 할아버지라고 하지. 직접 농사를 짓고 생활하면서 얻은 경험을 바탕으로 백성들의 삶에 도움이 되는 연구를 했거든."

한탐 선생님이 다른 이야기를 보태줬어요.

"유형원은 특히 농민들을 잘살게 하는 것에 관심이 많았어요."

그럴 수밖에 없죠. 농촌에 살고 농사를 지었으니까요.

"백성들을 잘살게 하려면 토지제도를 고쳐야 한다고 주장했겠네요."

똑똑이가 아는 체하고 나섰어요. 한탐 선생님은 그렇다고 고개를 끄덕였죠. 우리는 지난번 만났던 쇠돌이 아저씨가 생각났어요. 땅이 없어 어쩔 수 없이 장사를 한다고 했었거든요.

유형원이 《반계수록》에 담은 토지제도는 당시에 받아들여지지 않았다고 해요.

"하지만 70년 후 영조가 보고 감동을 받아 널리 읽게 했대요. 유형원은 수원화성을 쌓는데도 영향을 주었어요."

실학자 정약용도 수원화성을 설계할 때 《반계수록》에 실린 성을 쌓는 법을 참고했다고 한탐 선생님이 이야기했어요.

한탐 선생님은 농촌에서 생활하는 실학자를 만났으니 이제 도시인 한양에서 생활하는 실학자를 만나러 갈 거라고 했어요.

# 괴짜 양반, 박지원

한탐 선생님은 배를 타고 다시 한강으로 왔어요. 종로에 괴짜 양반이 산다며 그분을 만나자고 했어요. 시전 상가가 끝나는 데쯤 허름한 집이 한 채 있었어요. 집을 기웃거리며 사람들이 수군거렸어요.

"이번에 연암 선생님이 《열하일기》를 완성했다는데 봤어요? 어디서 구할 수 없을까요?"

그러자 옆에 있는 사람이 말했어요.

"세책방* 주인장한테 특별히 부탁했으니 기다려 보세요. 형식에 얽매이지 않고 거리낌 없이 쓰시니 속이 다 시원합니다. 이번에는 어떤 글로 우리를 깜짝 놀라게 할까요?"

연암이 누군지 모르지만 인기작가인가 봐요.

"문장도 시원하지만 내용도 통쾌하지 않습니까? 청나라를 다녀오고 쓴 거라니 더 기대가 됩니다. 연암선생님 책이라면 전부 강추에요. 조선 최고의 걸작이 될 책들이죠."

이곳은 실학자 연암 박지원 집이래요.

"양반이 양반을 비판한 《허생전》, 《양반전》, 《호질》이란 소설은

● **세책방**
조선시대 책을 빌려주던 도서 대여점을 말해요.

박지원이 아니면 쓸 수 없는 소설이죠. 그래서 미움을 받기도 하지만."

　당연하죠. 양반들이 좋아했을 리 없죠. "특히 정조가 못마땅해했어요." 뭐라구요? 제가 잘못 들은 것은 아니죠? 정조 임금님이 그럴 리가요?

　"정조는 글이 바르면 마음도 반듯해진다고 바른 글쓰기를 강조했죠. 바른 문장과 말투로 마음을 차분하게 하고 생각을 바르게 하도록 글을 써야 한다고 생각했는데 박지원 글은 불량하다고 매우 싫어했대요."

　안에서 아주 호방한 웃음소리가 들리더니 몸집이 우람한 사람이 나오며 큰 소리를 냈어요. 한탐 선생님은 저 사람이 박지원이라고 했어요.

　"이제 저잣거리로 내 친구들을 만나러 가 볼까나."

　박지원이 만나는 친구란 똥장수, 이야기꾼, 건달이래요. 만나는 사람도 별났어요. 그러더니 이렇게 큰소리를 치지 뭐에요.

　"나라에서 양반을 특별대우하는 것을 가장 문제입니다. 양반에게 특혜를 주기 때문에 백성들이 가난하고 나라가 쇠퇴해 가는 겁니다.

**문체반정**
정조 때 말하자면 재미있게 글쓰기가 유행했대요. 형식에 얽매이지 않고 자유롭게 쓰고 싶은 대로 글을 쓰는 거죠. 박지원이 대표적인 인물이었는데, 그래서 정조가 싫어했다고 해요. 정조는 반듯하고 바른 글쓰기를 주장하며 박지원처럼 자유롭게 쓴 글을 출판 금지를 시키기도 했어요. 이것을 문체반정이라고 해요.

## ✱ 연암 박지원의 소설 ✱

박지원이 청나라를 여행하고 돌아와 보고 듣고 느낀 것을 쓴 여행기예요. 청나라의 문물을 두루 소개하며, 새로운 문물로 백성들의 생활이 넉넉해져야 한다고 주장하고 있어요.

무능력한 양반과 상업을 업신여기던 양반들의 생각을 비판하였어요. 상업을 통해 백성들의 삶을 안정시켜야 한다는 박지원의 생각을 담고 있어요.

양반의 신분을 돈으로 사고파는 세태와 백성들을 괴롭히는 양반들의 횡포, 백성들에게 모범을 보이지 못하고 겉만 번드레한 양반의 체면 등을 풍자하였어요.

사람들에게 존경받지만 남몰라 부끄러운 짓을 일삼는 선비 북곽 선생을 호랑이가 꾸짖으며 양반들의 겉과 속이 다른 이중성을 비판하였어요.

공부를 핑계로 아무 일도 하지 않고 먹을 것만 축내는 건 벌레나 하는 짓입니다."

박지원은 양반, 상민 편을 가르는 게 자유롭고 평등한 관계를 맺는 데 방해를 한다고 생각했대요. 그래서 신분을 따지지 않고 사람을 사귀었어요.

박지원이 반가운 사람을 만났다며 달려가서 덥석 안고 인사를 하네요.

"어이, 백동수. 반갑네. 이렇게 만났으니 우리 집에 가서 같이 저녁이나 먹세."

그러자 인사를 공손히 올린 후 백동수라는 사람이 말했어요.

"선생님, 안 그래도 만나 뵈러 가려던 참입니다. 박제가가 청나라에서 돌아왔습니다. 저녁에 선생님 집으로 모두 모이기로 했습니다."

백동수라는 말을 듣자 상상이가 갑자기 흥분했어요.

"드라마 무사 백동수의 그 백동수? 진짜 역사 속 인물이었단 말이에요?"

한탐 선생님은 그렇다면서, 백동수 친구들은 모두 역사교과서에 나올 만큼 유명한 실학자래요.

 # 꿈을 펼치고 싶은 사람들

박지원 사랑방이 떠들썩했어요. 오늘 밤을 새우며 이야기하려나 봐요.

한탐 선생님이 방 안에 있는 사람을 소개했어요.

"저기 왼쪽부터 이덕무, 유득공, 백동수, 박제가예요. 쉿, 중요한

이야기를 하네요."

박제가가 입을 열었어요.

"청나라를 다녀올 때마다 가슴에 부러움과 감탄이 가득합니다."

박제가는 우리나라도 청나라처럼 상공업과 무역을 발전시켜야 한다고 했어요. 청나라와 일본을 잇는 중계무역을 하면 큰 이익을 볼 수 있는데 조선은 사치하지 말라며 상공업을 하찮게 여기는 게 문제라고 했어요.

"검소한 게 좋은 것만은 아니에요. 사는 사람이 있어야 팔 물건이 풍부해지고 상공업도 활발해질 게 아닙니까?"

돈을 써야 상공업이 발달한다며 소비를 해야 한다고 주장했어요. 박제가는 이번에 다녀오며 생각한 것을 책으로 낼 거라고 했어요. 청나라를 배우자는 뜻으로 《북학의》라고 제목을 달 거래요.

얌전하게 생긴 이덕무가 말을 이어갔어요.

"조선은 세계가 돌아가는 사정을 모른 채 지나치게 우물 안 개구리에요. 아직도 청나라를 치자는 북벌의 환상을 갖고 있는 사람이 있다니까요."

그러자 그 자리에 모인 사람들 모두가 이구동성으로 서양 사람들은 생활에 필요한 기술을 개발해 생활에 이용해야 한다고 말했어요. 농업신기술, 누에치기, 광산을 개발하는 법을 가르쳐야 한다고도 했어요.

● 북학의
실학자 박제가가 청나라의 풍속과 제도를 시찰하고 돌아와 쓴 기행문이에요. 박제가는 이 책을 통해 청의 발달된 문물을 받아들이고 상공업을 장려해야 한다고 주장하였어요.

"여기 모인 박지원의 제자는 모두 서얼이었어요."

서얼들은 양반 자식이라기 때문에 농사를 짓거나 장사하거나 물건을 만들어 팔지도 못한대요. 양반 체면을 구긴다고요. 과거시험도 못 보게 해서 책을 읽어도 꿈을 펼 수 없었다고 해요. 그런데 여기 있는 사람들은 희망을 버리지 않고 꿈을 키워가고 있어요.

이덕무가 유득공을 바라보며 말했어요.

"자네는 발해 역사를 책으로 낸다더니 어찌 되고 있나?"

그러자 유득공이 주먹을 불끈 쥐며 비장한 표정으로 말했어요.

"만주는 잊어버린 우리 역사입니다. 고구려, 발해 역사를 잊어버리면서 넓은 벌판을 달렸던 웅장한 기상도 잃었습니다. 발해 역사를

공부하며 기상과 패기도 되찾아야죠."

똑똑이가 이 말을 듣더니 유득공이 쓴 책이《발해고》인 것쯤은 아느냐며 으스댔어요.

여기 있는 사람들은 모두 비슷한 이야기를 했어요. 중국에 의존하지 않고 우리 것에 관심을 기울이는 것이에요. 우리 땅, 우리 역사, 우리 말, 우리 것을 바로 세워야 이웃과 관계도 바르게 맺을 수 있는 방법을 연구하는가 봐요.

또 백동수는 요즘 우리 무예를 정리한다고 했어요. 중국, 일본 무예도 연구해 우리 무예의 부족한 부분을 채워 보려고 한다고 해요. 국방이 튼튼해야 백성들이 편안할 게 아니냐구요.

선생님은 이 사람들은 청나라에서 배워야 한다고 주장해서 북학파라고 한다고 했어요. 나중에 재능을 아낀 정조가 불러들여 신하로 삼으면서 어떤 활약을 하는지 나중에 더 살펴보기로 하고, 이제 조선시대 과학자들을 만나러 가자고 하셨어요.

# 실학자,
# 지구와 우주를 만나다

한탐 선생님은 오랜만에 비거를 타고 홍대용이란 실학자를 만나러 가자고 했어요. 홍대용 집에서는 세 사람이 이야기를 나누고 있었어요.

전시된 물건들은 홍대용이 직접 만든 거라고 해요. 직접 관측하는 것은 아니고 전시용이래요.

홍대용이 관측기를 보며 말했어요.

"우주는 참 신기하지 않은가? 지구는 하루 한 번씩 스스로 돈다

네. 둥근 지구가 돈다는 것은 무슨 말인가? 중심이 따로 있지 않고 어디나 중심이 된다는 뜻이라네."

한탐 선생님이 그러는데 박지원과 홍대용은 절친한 사이래요.

"안타깝기만 하네. 중국 학자들까지 알아주는 자네 재능과 생각이 우리 조선에서 인정받지 못하니 말이네."

그러다가 박지원이 몸을 숙이며 홍대용에게 물었어요.

"그까짓 게 뭐 그렇게 대단하다고. 유치원생도 아는 일을."

"이미 알려진 것을 아는 것은 쉽지. 하지만 아무도 생각하지 못한 것을 스스로 알아냈다는 것은 대단하지."

"자네 아직도 외계인이 있다고 믿나?"

홍대용이 아주 진지하게 답했어요.

"그럼. 세계 중심이 중국이 아니었듯이 우주에도 여러 별이 있으니 지구 같은 별이 하나란 법은 없지 않겠나. 어느 별인가는 지구처럼 외계인이 살겠지."

홍대용과 박지원은 둘도 없는 친구라고 해요. 둘 다 과학에 관심을 가지고 혼천의를 만들기도 했다고 해요. 특히 홍대용은 집안이 좋아 보통 양반들처럼 과거시험을 본다면 출셋길이 열려 있었죠. 하지만 자신이 좋아하는 과학을 탐구하며 '자전설'을 주장하고 우리나

라 최초 현대식 혼천의를 만들었다고 했어요.

"참 정철조 자네는 지도를 그린다더니 잘 되고 있는가?"

박지원이 옆에 있는 또 한 사람에게 말을 걸었어요.

정철조는 머리를 긁적이며 말했어요. 동생 후조랑 같이 지도를 만들고 있는데 아직 마음에 들지는 않다고 했어요.

"정철조의 지도 덕분에 나중에 김정호의 대동여지도가 탄생하게 되죠."

선생님은 교과서에 나오는 실학자 말고도 아주 중요한 사람들이 많대요.

# 우리 땅과 세계를 그리다

7미터나 되는 지도를 들고 다닌다구요? 지고 다니는 거 아니구요?

다시 비거를 타고 박물관으로 왔어요. 박물관에는 커다란 지도가 걸려 있었어요. 무려 7미터쯤 되는 거 같아요.

"이 지도는 대동여지도에요." 대동여지도는 어디로든 들고 다니기 쉽게 만들었다고 했어요.

"지도를 가만 보세요. 잘라진 부분이 보이죠? 지도를 22층으로 잘라 한 층을 병풍처럼 접어서 가지고 다니는 거예요. 약 7미터나 되는 이 지도는 22층을 다 붙여놓은 거구요. 대동여지도의 가장 큰 장점은 정확하다는 거예요."

● 대동여지도

김정호, 1861년, 3.8X6.7m 조선 후기에 김정호가 만든 우리나라 지도예요. 22첩으로 나누어져 있어 휴대하기 좋고, 목판인쇄가 가능해 대량으로 제작하기에도 편리하다. 또 축척과 기호를 사용해 정확성이 높아요.

선생님은 지도 위로 모두 올라와 보라고 했어요.

"선생님은 서울 광나루에서 기다릴게요. 알아서 찾아와야 해요. 곡선은 뱃길, 직선은 육로에요. 직선에는 점이 찍혀 있죠. 10리마다 표시되어 있고 걸어서 한 시간이란 뜻이에요. 역과 참이 표시되어 있으니 배고프면 주막에서 국밥 먹으며 오면 됩니다. 자, 여기 엽전!"

그리고 '대똥똥똥, 대동여지도'라고 주문을 외니 지도가 꿈틀꿈틀 점점 커지기 시작했어요. 지도에 그어진 직선은 길이 되었고, 곡선으로는 물이 흐리기 시작했어요. 세모난 기호가 있던 자리에는 불근불근 산이 솟아났어요. 우리는 어느새 지도 안에 들어와 있었어요. 여기는 충주래요.

대동여지도는 정말 정확했어요. 표시된 곳에 역이 있었고 길이 있었어요. 사람들도 아주 친절했어요. 걷고 배를 타고 광나루에 도착했어요. 광나루에서 선생님을 만나자 다리가 풀려서 주저앉았지만 이상하게 마음은 뿌듯했어요. 우리가 해냈잖아요!

한탐 선생님은 한양 운종가로 우리를 데리고 가더니 맛있는 설렁탕을 사주셨어요. 그리고 만나기로 약속한 사람이 있다며 번듯한 한옥으로 우릴 데리고 갔어요.

책이 가득한 사랑방에는 두 사람이 앉아 목판을 보고 있었어요. 김정호의 절친 최한기네 사랑방이래요.

최한기가 입을 열었어요. "자네가 드디어 지도를 목판에 새기는 작업을 끝냈군. 나도 더 열심히 세계지리를 담은 책들을 완성해야겠는 걸."

김정호도 뿌듯한 표정으로 말을 이어 갔어요.

"이 지도는 사람들이 편리하게 사용하도록 고민하면서 만들었다네. 목판에 새겼으니 필요한 만큼 찍어낼 수 있고 접어서 갖고 다니니 편리하고 기호를 써서 간단하게 했고 무엇보다 표시된 길과 거리와 시간이 정확하게 하려고 노력했다네."

아, 그러니까 진짜 김정호의 땀이 묻어 있는 유물은 7미터짜리 지도가 아니라 바로 목판이었군요.

선생님도 한마디 거들어 설명해주셨어요.

"김정호의 친구 최한기도 꼭 기억해주세요. 최한기는 변화해 가는 세계 질서에 관심을 갖고 연구했어요."

돈만 생기면 책을 사고 연구했던 최한기는 조선이 어서 세계 변화에 눈 떠야 한다고 주장했대요.

사람들에게 도움이 되려고 자신의 인생을 오로지 지도에 바친 김정호가 정말 고마웠어요. 실학자들을 살펴보면서 남의 눈보다 자기가 하고 싶은 일을 하며 많은 사람들에게 도움이 되는 학문을 하려고 고민했던 최한기도 존경하게 됐어요. 한탐 선생님은 이제 박물관으로 가서 과제를 하고 집으로 돌아가도 좋다고 하셨어요.

 **질문 하나,**
실학자들이 한 이야기를 바르게 연결해 보세요.

유득공 ㄱ | 책 《북학의》에서 말했듯이 우리나라도 청나라처럼 상업을 발전시키고 무역을 활발히 해야 합니다. 물자가 풍부하고 생활이 넉넉해야 문화도 발전하는 거죠.

박지원 ㄴ | 나는 신분을 나누는 것이 사람들을 분열시킨다고 생각해요. 양반들은 특권을 누린다고 으스대며 허세를 부리죠. 양반인 내가 봐도 꼴불견인 양반들이 많습니다. 그래서 《허생전》, 《양반전》, 《호질》 같은 소설을 써 양반들의 숨은 모습을 폭로했죠.

김정호 ㄷ | 청나라를 다녀오면서 발해유적을 답사해서 《발해고》란 책을 썼어요. 우리의 발해 역사를 잃어 버린 게 너무 안타깝습니다. 그러면서 넓은 벌판을 달렸던 웅장한 기상도 잃었다는 게 제 생각입니다. 발해 역사를 공부하며 기상과 패기도 되찾아야죠.

최한기 ㄹ | 나는 사람들이 편리하게 지도를 사용하기를 바랐어요. 대동여지도는 이런 내 바람을 담은 지도입니다. 누구나 쉽게 가지고 다닐 수 있도록 병풍처럼 접게 만들었고, 기호를 사용하였죠. 수로와 육로를 구별하고 걸어서 걸리는 시간도 10리 1시간마다 표시했어요. 그리고 가지고 싶은 사람은 누구나 가질 수 있게 하려고 목판인쇄를 할 수 있도록 만들었죠.

박제가 ㅁ | 나는 김정호와 친구예요. 정호가 지도를 완성할 수 있도록 도움을 줬지요. 나는 우주와 세계지도에 관심이 많았어요. 정호가 우리 땅을 그린 대동여지도를 만들 때 나는 지구전후도라는 세계지도와 별자리지도를 만들었지요.

• 정답은 238쪽에서 확인하세요!

# 새로운 사상, 실학을 찾아 시간여행을 떠난다면?

## 1. 조선후기 실학의 모든 것

● 실학박물관

바로 옆에 정약용 생가가 있어서 함께 답사할 수 있어.

실학자들을 다 만날 수 있겠는 걸~

실학을 주제로 한 전문박물관이에요. 실학이 등장하게 된 배경부터 실학자들이 남긴 유물과 업적들이 상세하게 전시되어 있어요. 임진왜란과 병자호란 이후 전쟁의 상처를 수습하려는 사회적 노력부터 중국에서 벗어나 서양문물을 적극적으로 수용하고 하였던 실학자들의 자세를 자세히 알 수 있답니다. 세금과 토지 제도 개선을 통해 적극적으로 조선을 개혁하고자 했던 실학자들과 상공업의 수용과 발달을 통해 조선을 부강한 국가로 만들려고 했던 실학자들을 만나볼 수 있어요. 또한 서양 과학 기술을 접하고 연구하며 제작한 각종 천문 기구와 지도도 전시되어 있답니다.

## 2. 별이 된 과학자 홍대용의 일생을 만나요

● 천안 홍대용과학관

홍대용은 자기 집에 농수각을 세우고 천문대를 만들었다고 하죠. 그곳을 지금은 볼 수 없답니다. 다만 그 자리에 과학자 홍대용을 기려 천안 홍대용 과학관이 자리하고 있답니다. 이곳은 전통과학기구와 현대 첨단 과학을 모두 만날 수 있어요. 물론 주인공 홍대용에 대해서도 자세히 알 수 있죠. 또 망원경이 있어서 해와 달, 별을 관측할 기회도 가질 수 있답니다. 별이 되어 세상을 비추는 홍대용을 만나러 천안 홍대용과학관으로 가 보세요.

# 37 서른일곱 번째 여행

# 아름다운 조선을 만들라

## 새로운 조선을 꿈꾸던 정조시대

**한국사 탐험을 떠나기 전 미리 생각해 올 것!**

우리는 정조가 상상한 도시를 만나러 갈 거예요.
여러분은 어떤 도시에서 살고 싶나요?

**준비물**

자신이 꿈꾸고 상상하는 도시를 생각해 오세요.

**연표**

- 1725년 탕평책을 실시함
- 1762년 사도세자가 뒤주에 갇혀 죽음
- 1776년 정조가 왕위에 오름
- 1789년 사도세자 묘를 수원으로 옮김
- 1794년 화성을 쌓기 시작함
- 1795년 화성에서 정조 어머니 혜경궁 홍씨 회갑잔치를 함
- 1800년 정조가 세상을 떠남

꿈이 이루어지는 나라. 빨리 가고 싶어요.

# 건릉에서 정조를 만나다

선생님이 오늘 모일 장소는 융건릉 매표소라고 했어요. 우리는 나들이 핑계로 엄마를 졸라 먹고 싶었던 간식을 잔뜩 싸서 모였어요. 한참 선생님은 표를 산 뒤 안내 표지판에 앞에 서더니 진지하게 말씀하셨어요.

"여기는 조선후기 가장 슬픈 세자와 가장 존경받는 왕이 묻혀 있는 곳이에요. 주인공은 바로 사도세자와 그의 아들 정조랍니다. 융릉에는 사도세자가, 건릉에는 정조가 묻혀 있죠."

우리는 사도세자가 누군지, 왜 슬프게 죽었는지 별로 관심이 없어요. 오직 관심은 간식은 언제 먹는지, 자유시간에는 무엇을 할지 이야기하느라 정신이 없었죠.

선생님을 따라가다 보니 푸른 잔디밭이 나왔어요. 잔디밭 한가운데는 건물이 있고 그 뒤 언덕에 커다란 무덤이 하나 있었어요.

"저 위에 조선의 스물두 번째 왕 정조와 그의 부인 효의왕후 김씨가 잠들어 있어요. 영혼이 잠든 곳이니 마음을 경건하게 하고 조용히 해야 해요."

우리는 선생님 말씀에 건성으로 '네'하고 대답하고는 누가 먼저랄 것도 없이 장난을 치며 간식을 꺼내 먹기 시작했어요. 그때 갑자기 천둥번개가 쳤어요. 순간 하늘이 깜깜해지더니 앞이 보이지 않았어요.

"어허, 누가 감히 내 잠을 깨우느냐?"

어슴푸레 누군가 서 있었는데, 그 사람은 천천히 우리에게 다가오더니 머리를 쓰다듬으며 따뜻하지만 힘 있는 눈빛으로 우리를 가만히 바라보며 말했어요.

"여기는 돌아가신 왕이 잠든 능일 뿐 아니라 유네스코 세계문화유산인데 음식을 먹다니. 그 간식 이리 내놓거라."

그러면서 우리 간식을 빼앗아 갔어요.

아름다운 조선을 만들라

"지금껏 임금인 나한테 아저씨라고 말하는 사람은 없었는데, 아저씨라? 하하. 그거 재미있구나. 그래 내가 정조란다. 너희들은 오늘 임금을 깨우고 능에서 감히 음식을 먹은 죄를 범했다. 그 벌로 간식을 빼앗은 거란다. 대신 역사 공부를 제대로 하고 온다면 간식을 돌려주기로 하지."

정조가 무덤을 바라보며 '가마를 대령하라'고 외쳤어요. 그러자 무덤이 열리더니 용 한마리가 날아올라 하늘을 날더니 어느새 용 모양의 열차가 되었어요. 정조가 한탐 선생님께 귓속말을 하며 괴나리 봇짐을 하나 건네주자 주문을 외웠어요.

"가라성 가라성 가라가라 수원화성"

그러자 용은 하늘을 나르기 시작하더니 푸른 숲 위를 날아 수원화성에 도착했어요.

 # 정조, 새로운 조선을 꿈꾸다

　용 열차는 하늘을 날아 우리를 수원 팔달산에 있는 서장대에 내려 줬어요. 수원이 환히 한눈에 내려다 보였어요.
　"도시가 세워지기 전에 여기는 허허벌판이었어요."
　한탐 선생님이 설명을 시작했어요. 원래 수원이란 고을은 우리가 처음 출발했던 융건릉이 있는 부근이었다고 해요. 그런데 정조가 아

● 서장대

수원 화성 내 팔달산 정상에 위치한 군사지휘 본부예요. 이곳에서는 화성 안이 한눈에 보여요. '화성장대'라는 현판은 정조가 직접 쓴 것이랍니다.

버지 무덤을 그곳으로 옮기기로 한 뒤 그곳에 살던 사람들을 여기 팔달산 밑, 지금 수원으로 옮겨와 살게 했다고 해요.

도시를 세우려고 고을을 통째로 옮겼다니 도대체 어떤 도시를, 왜 만들려고 했는지 궁금했어요.

"정조는 수원에서 미래 조선의 꿈을 보여주고 싶어했어요. 조선의 모범이 되는 도시로 키우고 싶었죠. 첫 번째 상공업이 발달한 도시, 두 번째 튼튼한 방어력을 가진 군사도시, 세 번째 첨단 농사기술을 실천하는 도시."

그래서 정조는 팔달산 말고는 산이 없는 평지인 이곳인 수원을 선

택했다고 해요. 한양과 남쪽 지방을 연결하는 이곳을 한양과 남쪽 지방을 연결하는 교통망의 중심을 만들고 싶었어요.

"북쪽으로 장안문을 지나면 조선에서 최대 도시 한양과 연결됐어요. 남쪽으로 팔달문을 지나면 충청도를 지나 전라도, 경상도로 가는 길이 열렸어요."

그리고 이 도시를 보호할 성을 쌓아 군사도시를 만들고 주변에는 농토를 개간해 농사기술을 보급했다고 해요. 한탐 선생님은 직접 눈으로 보는 게 좋겠다며 거리로 내려가자고 했어요. 장안문과 팔달문을 잇는 남북으로 뚫린 길 양쪽으로는 상가가 서 있었어요.

"아무리 그래도 가고 싶지 않은 사람도 있었을 거야. 왕이라고 강제로 이사시킨 게 틀림없어."

투덜이가 계속 툴툴거렸어요.

● 장안문

화성의 정문인 북문이에요. 정조가 수원 화성에 행차할 때 가장 먼저 맞이하는 문이지요. 옛 중국 당나라의 수도인 장안과 같이 수원 화성이 국제상업 도시가 되길 바라는 정조의 바람이 담겨 있어요.

"정조는 이사비용을 대주고 정착할 곳, 정착 비용을 지원했어요. 백성들이 피해를 보지 않도록 세심하게 살폈기 때문에 세종대왕과 더불어 조신 최고의 임금님으로 평가되지요."

선생님은 아직도 정조가 꿈꾼 도시의 모습을 다 보여준 것은 아니라며 장안문으로 가자고 했어요.

아름다운 조선을 만들라

# 수원 화성 공사 현장을 가다

우리는 장안문으로 갔어요. 수원 화성에서 정문답게 당당하고 웅장했어요. 우리는 반가운 마음에 거중기로 달려가 어떻게 쓰이는지 지켜봤어요.

"너 어떻게 이걸 알아?"

"정약용이 개발한 기구죠?"

"정약용은 발명도 했어? 못하는 게 뭐야?"

"알면 알수록 놀라운 인물이지!"

"거중기는 100kg이나 되는 돌을 6.25kg 힘만 들여도 들어 올릴 수 있는 기계에요. 움직도르래를 이용하면 힘을 줄일 수 있거든요."

한탐 선생님은 널리 쓰이지 않았지만 이런 효과 때문에 정약용이 정조에게 칭찬을 많이 받았다고 했어요. 선생님은 현장을 다니며 거중기 말고도 녹로, 유형거가 어떻게 쓰이는지도 알려 주셨어요.

"기구를 사용하자 결과는 놀라웠어요. 10년 걸릴 공사를 2년 6개월 만에 끝냈거든요."

그것은 단지 거중기, 녹로, 유형거 같은 기구를 사용한 효과만이 아니래요. 수원화성 공사에서는 품삯을 일한 만큼 주었대요. 많이 할수록 많이 받아가니 열심히 일할 수밖에요.

그때, 한편에서 소리가 들렸어요.

"어서 이리로 줄을 서서 털모자를 받아가세요. 추위에 일을 하는 여러분에게 임금님께서 보낸 털모자입니다."

● 수원화성 공사 실명제

화성 성벽에는 감독과 석수 등 공사에 참여한 사람의 이름을 기록하였어요. 이와 같은 기록을 공사실명제라고 하는데, 공사에 참여한 사람이 책임을 다하고 마음가짐을 가지는 동시에 그의 실력과 노력을 칭찬하여 널리 알리는 일이기도 하였어요.

연무대라는 넓은 마당에서는 관리가 안내하는 대로 일꾼들이 줄을 서서 모자를 받아갔어요.

"이렇게 고마울 수가. 백성들 노고를 이렇게 챙겨주시다니."

사람들은 털모자를 마치 금덩이처럼 소중하게 받아 감히 쓰지도 못했어요. 정조는 자신의 꿈을 보여줄 도시를 건설하는 일꾼들을 틈틈이 챙겼어요. 한탐 선생님은 여름에는 더위를 먹지 않도록 직접 처방한 약을 두 차례나 내렸다고 했어요.

"정조는 일하다가 다치거나 병든 사람에게도 절반의 품삯을 줬어요."

이런 정조의 마음에 감동해 더위가 심해 잠시 공사를 중단하라고 했는데도 일꾼들이 일을 멈추지 않았다고 해요.

## 정조의 자신
## 화성에서 꽃피다

한탐 선생님은 이번이 마지막이라며 팔달문을 향해 갔어요. 팔달문에 도착하자 어떤 관리가 열심히 공사현장을 기록하고 있었어요. 《화성성역의궤》를 만들기 위해 조사하고 기록하는 거래요.

의궤에 무엇을 기록하는가 봤어요. 먼저 성곽을 쌓으며 어디에 얼마만한 크기의 돌을 몇 개 썼으며 어떻게 쌓았는가를 기록했어요. 또 마감공사를 하는 미장이와 석수는 누구고, 성벽에 돌을 나르는 사람은 누구이며, 품삯은 얼마 지급했는지까지 자세하게 기록했어요.

"이런 자세한 기록 때문에 수원화성은 6·25전쟁이 끝나고 절반이 불타 사라졌지만 다시 복원할 수 있었어요."

한탐 선생님 말씀을 들으니 기록이 얼마나 중요한지 새삼 알게 되었어요. 그리고 수원화성이 다시 보였어요. 처음엔 정조가 이 도시에 무슨 꿈을 담으려고 했을까 의심스러웠어요. 하지만 화성을 만들어가는 과정에서 보여준 정조의 마음은 수원화성을 더욱 빛나게 했어요.

● 팔달문

수원 화성의 남문인데, 북문인 장안문과 똑같이 건축되었어요. 사방팔방으로 길이 열린다는 의미를 담고 있답니다. 수원 화성이 교통 중심지가 되길 바라는 정조의 마음이 담겨 있어요.

　　한탐 선생님은 화성 행궁을 빼놓고 갈 수 없다며 행궁으로 갔어요. 늠름한 장수들이 지키는 신풍루를 지나 안으로 들어가니 군사훈련이 한창이었어요. 책을 보면서 군사 훈련을 시키고 있는 지휘관 중에 아는 얼굴을 발견했어요. 백동수 아저씨! 지난번 역사 탐방에서 박지원 집에서 만난 백동수가 여기 있었어요.
　　"아저씨, 안녕하세요. 여기서 뭐 하세요?"

우리가 반갑게 인사를 하자 백동수 아저씨도 우리를 반갑게 맞이했어요.

"너희들이구나. 난 여기서 '장용영' 군사들을 훈련시키고 있지. 박제가, 이덕무랑 펴낸 군사 훈련 교과서 《무예도보통지》로 훈련하는 모습이 어떠냐, 우리 군사들 멋지지?"

군사들이 정말 멋있어요. 늠름하고 씩씩했으며, 훈련이 잘 된 군사들인 게 한눈에 느껴졌어요.

**무예도보통지**
정조의 명을 받아 이덕무와 박제가, 백동수가 편찬한 훈련 교본이에요. 땅 위에서 훈련하는 지상무예 18가지와 말을 타고 펼치는 마상무예 6가지가 포함된 무예 24기는 조선 최고의 정예부대인 장용영의 군사들이 훈련 기술이었어요.

정조는 자신을 도울 인재를 위해 규장각과 자신을 지켜 줄 군대로 친위부대인 장용영을 키우는데 정성을 들였다고 해요.

"참, 저녁에 큰 행사가 있는데 놓치지 마라."

그러더니 백동수 아저씨는 행사 준비를 해야 한다며 자리를 떴어요. 한탐 선생님은 완전 흥분하며 말했어요.

"우린 운이 너무 좋아요. 《을묘원행의궤》에 나오는 정조 8일간의 행차를 직접 보게 되다니! 완전 기대되죠?"

행사요? 행사라면 우리가 안 보고 갈 수는 없죠.

드디어 기대하던 저녁이 왔어요. 우리는 수원화성에서도 풍경이 가장 아름답다는 방화수류정에 앉아서 설레는 마음으로 행사를 기다렸어요. 이제 행사가 시작되나 봐요.

서장대에서 정조가 깃발로 신호를 하자, 수원 주민들과 장용영 군사들이 일제히 불을 껐어요. 그리고 다시 신호를 보내자 대포를 발사하며 또 일제히 불이 켜졌어요. 뒤에도 계속 멋진 훈련이 펼

● 수원 방화수류정

방화수류정은 주변은 살피고 군사를 지휘하는 초소이에요. 하지만 꽃을 찾고, 버들을 따라 노닌다는 이름에 걸맞게 화성의 아름다운 경치와 조화를 이룬 정자이기도 하지요.

**을묘원행정리의궤**
정조가 회갑을 맞이한 어머니 혜경궁 홍씨를 모시고 화성에 행차한 내용을 기록한 왕실 행사보고서예요. 글과 그림으로 남겨져 있어서 당시의 구체적인 모습을 자세히 알 수 있어요.

쳐졌어요. 정조의 신호에 따라서 말이죠.

정조가 꿈꿨다는 집집마다 풍요롭고 더불어 화목하며 국방이 튼튼한 도시 화성.

정조의 꿈은 수원화성에서 완성되어 가고 있었어요.

#  아버지 사도세자를 그리워하다

다시 행궁으로 돌아와 이리저리 다니는데 화가들 틈에서 작업을 지시하는 사람이 있었어요.

"김홍도 아저씨다!"

인사를 드린 후 무슨 일을 하시는지 여쭤보았어요. 《원행을묘정리의궤》를 남기는 일이라고 했어요. 기록이니까 자세하고 틀리지 않아야 하니까 방해가 되지 않게 조용히 구경해야 한다고

● **원행을묘정리의궤**
정조의 어머니이자 사도세자의 부인인 혜경궁 홍씨의 회갑연을 기록했어요. 한양 창덕궁을 출발해 도착할 때까지 8일간의 기록이며, 조선 최고 화가들이 근무하는 도화서의 화원들이 그림을 그려요.

김홍도는 뭘 그리는 거예요, 선생님? 풍속화 그리는 거예요?

김홍도와 화원들은 《의궤》를 만들기 위해 준비하는 거예요. 김홍도 같은 화원들은 왕실에서 행사가 있을 때마다 그림을 곁들인 기록을 남기지요.

당부했어요. 우리도 행사를 보기 위해 자리를 잡고 앉았어요. 잠시 후 행사가 진행되었어요.

"이 행사는 정조의 어머니 혜경궁 홍씨의 회갑을 축하하는 잔치에요."

궁궐에서 데리고 온 악공들이 음악을 연주하고 잔칫상에는 70여 가지 음식과 꽃들이 장식되어 있었어요. 정조가 어머니에게 무릎을 꿇고 술잔을 올렸어요. 악사들이 한쪽에서 연주하고 여사들이 나와 춤을 추었어요. 멋진 행사였어요.

한탐 선생님은 다 끝나가니 용 열차를 타고 지지대고개로 가자고 했어요. 지지대고개에 도착하니 멀리 정조의 행렬이 나타났어요.

"왜 이렇게 빨리 가느냐. 천천히 가자꾸나. 아니다 여기서 잠깐

아름다운 조선을 만들라

쉬어 가자."

정조는 언덕에 이르자 말을 세웠어요. 아버지 사도세자 무덤이 있는 곳을 바라보며 눈을 떼지 않고 있었어요. 아버지 사도세자가 있는 곳에서 멀어지는 게 안타까운 듯 오래 자리를 뜨지 못했어요. 장용영대장이 길이 늦어지면 혜경궁 홍씨 잠자리가 문제라고 아뢰었어요. 그러자 마지못해 말에 올라탔어요.

"정조가 수원을 떠날 때마다 아버지 무덤을 떠나기 싫어서 '천천히 가자 천천히 가자'고 했다고 해서 이 고개를 지지대고개라고 부르게 됐어요."

행렬이 다시 움직이기 시작했어요.

"창덕궁에서 화성행궁까지 8일 동안 행차는 정조가 자신의 힘을

보여주는 중요한 행사였어요. 말 788필, 사람 6천 명 정도가 1km 넘는 행렬을 이루었어요."

한참 걸어가는데 앞에서 꽹과리소리가 요란했어요. 임금님 행차하는데 누가 감히 꽹과리를 울리나 궁금해서 옆으로 고개를 내밀어 봤어요. 상민들이 행렬을 가로막더니 억울한 일을 정조에게 아뢰었어요.

"아, 정말 보여주고 싶던 장면이에요. 바로 이게 격쟁이에요. 임금님이 행차할 때 억울한 백성이 길을 가로막으며 호소하는 일을 말해요."

정조는 어느 임금님보다 궁궐 밖 행차를 많이 했다고 해요. 일부러 백성들에게 격쟁을 듣기 위해서였죠. 정조는 백성들의 목소리를 직접 듣고 백성들을 위한 정치를 하고 싶었나 봐요.

# 정조, 세상을 뜨다

한탐 선생님은 오늘 마지막 장소라면서 우리를 창덕궁 후원으로 가자고 했어요. 숲속 한가운데 아름다운 연못 뒤로 2층 건물이 나타났어요.

"여기는 규장각이에요. 특별 연구소와 같은 곳이죠. 정조가 특별히 아끼는 학자들이 여기서 근무하고 있답니다. 아마, 깜짝 놀랄 만한 사람을 여기서 만나게 될 거에요."

한탐 선생님은 어떤 방으로 가더니 똑똑 문을 두드렸어요. 선생님은 귓속말로 '정약용'이 나올 거라고 알려주셨어요.

잠시 후 선생님이 들어와도 좋다고 했어요.

"잘 왔어요. 미래에는 시간을 오가는 시간여행이 가능하다니 지금은 믿기지 않지만 여러분이 부럽군요."

정약용이 우리를 부러워한다니 어깨가 으쓱했어요. 우리는 이 여행에서 궁금했던 것을 물었어요. "어머니 회갑잔치를 편하게 궁궐에서 열 수도 있었을 텐데 왜 먼 수원까지 와서 한 거예요?"

똑똑이가 묻자 치밀하고 완벽한 정조 성격으로 분명히 뜻이 있었

을 거라고 했어요.

"8일 동안 화성에 행차하면 온 나라 시선이 여기에 집중될 수밖에 없죠. 그런데 우리 임금님은 야간에 임금님이 지휘하는 군사훈련을 하고 과거시험을 치러 장용영 군사를 뽑았어요."

거의 완성되어 가는 화성과 씩씩한 장용영 군대를 보여주며 힘을 과시하고 싶었던 게 분명해요. '내 신하들과 내 군대와 내 도시를 보라 이제부터 내가 꿈꾼 나라를 만들어갈 것'이라는 선언을 한 것일까요?

"우리 임금님은 어떤 한 무리의 신하들이 나랏일을 좌지우지하지 않고 신하들이 조화를 이루기를 바라며 '탕평 정치'를 하려고 노력했어요. 규장각에 나 같은 신하들을 뽑아 특별히 키운 것도 이런 이유 때문이죠. 하지만 무리를 이룬 '노론' 신하들 힘은 만만치 않았죠. 노론은 정조의 아버지 사도세자를 뒤주에 가둬 죽게 할 정도였으니까 탕평 정치를 이루려면 이 무리를 조율할 수 있을 만큼 왕이 힘을 가져야 한다고 생각했어요."

정조는 또 다른 꿈도 계획대로 착착 밟아가고 있었대요.

"재능은 있는데 나랏법 때문에 재능을 꽃피우지 못한 서얼을 규장각 검서관으로 임명했고, 실학자들 생각을 받아들여 줬어요."

이런 정조의 노력으로 조선후기 가장 문화가 발달한 시기가 된대요. 정약용은 물론 검서관 출신인 박제가, 유득공, 이덕무와 같은 실학자가 업적을 남길 수 있었고 풍속화가 김홍도, 신윤복도 정조 때

재능을 꽃피웠다고 해요.

한탐 선생님이 이제 돌아갈 시간이 되었다면서 정약용에게 인사를 하고 후원으로 나갔어요.

"가라능 가라능 가라가라 능능 건릉"

주문을 외워 용 열차를 부르더니 건릉˚으로 가자고 했어요.

정조가 기다렸다는 듯이 우리를 맞이했어요. 정조는 오늘 여행에서 무엇을 알게 됐냐고 물었어요.

"수원화성, 화성성역의궤, 원행을묘정리의궤 같은 세계문화유산을 알게 됐어요. 또, 탕평책, 규장각, 장용영도 알아요."

정조는 흡족한 듯 우리 간식을 주며 이제 헤어져야겠다면서 손을 흔들며 왕릉 뒤로 홀연히 사라졌어요.

● 건릉
정조의 릉인 건릉이에요. 효성이 지극했던 정조는 아버지 사도세자의 곁에 묻어 달라는 유언대로 현륭원(현 융릉) 바로 옆에 묻혔어요.

# 한눈에 정리하기

**질문 하나,**
우리 사총사 친구들이 조사한 것은 무엇일까요?
지워진 글자를 채워주세요.

• 화강암으로만 쌓던 방식을 버리고 벽돌과 돌을 잘 이용해 쌓은 성이에요. 거중기, 녹로, 유형거 같은 기구를 이용해 공사 기간을 단축할 수 있었어요. 군사 방어기능도 뛰어나고 실용성도 뛰어나 동양 성곽의 백미로 평가받아요. 1997년 유네스코 세계문화유산이 되었어요.

○ ○ 화 ○

• 실학자로 대표되는 인물이에요. 수원화성을 설계하고 거중기도 생각해 공사에 도움을 줬어요. 정조가 세운 규장각에서 공부하며 정조를 도와 많은 일을 했고 다음 세대를 짊어질 정치가로 자라고 있었어요.

ㅈ ㅑ ㅛ

• 조선 22대 왕이에요. 아버지 사도세자 죽음을 지켜보며 당쟁으로 희생되는 사람이 없어야 한다고 생각했어요. 왕이 힘이 강해야 정치를 이끌어갈 수 있다고 생각해 규장각과 장용영에서 자신을 도울 인재를 키웠어요. 자신감이 생기자 수원화성을 세우며 자신의 세력을 키우려고 했어요.

ㅎ ㅈ

• 영조의 유일한 아들이었고 세자였지만 왕에 오르지 못했어요. 뒤주에 갇혀 죽은 슬픈 왕자로 알려져 있죠. 세자는 노론을 상대할 당 사람들을 끌어들여 노론을 눌러 균형을 잡으려고 했어요. 하지만 노론의 모함으로 그만 희생당하고 맙니다.

ㅅ ㄷ ㅅ ㅈ

• 영조 때부터 실시한 정책이이에요. 당과 당이 나누어져 싸우는 것을 멈추고 서로 화합하기를 바란다고 실시했죠. 정조는 영조보다 강력한 ○○책을 쓰려고 했어요. 적극적으로 노론에 대항할 세력을 키우려고 했죠. 영조는 ○○비와 음식으로는 ○○채를 만들기도 합니다.

○ 평 ○

• 정답은 238쪽에서 확인하세요!

> 정조를 만나러
> 시간여행을 떠난다면?

## 1. 실학의 산실이자 왕실 도서관
- 규장각

> 이런 데서 공부하면 나도 공부가 저절로 되겠더라구.

창덕궁 후원은 참 아름답죠. 후원에서도 가장 아름다운 곳이 규장각 건물이 있는 곳인 것 같아요. 정조가 이곳에 도서관 규장각을 세운 이유를 알 것 같아요. 가장 아름답고 시원하고 조용한 곳에서 공부하라는 배려겠죠. 규장각에서는 젊은 신하들이 공부를 했습니다. 노론, 남인 같은 당을 가르지 않고 골고루 뽑아 공부하게 했어요. 서로 같은 곳에서 공부하며 당을 묻지 않고 협력하기를 바랐던 거죠.

## 2. 정조의 개혁의지가 담긴 신도시
  ● 수원화성과 행궁

> 정문으로 정조가 군복을 입고 들어갈 때 정말 멋졌어.

> 서울에서 오는 임금님을 맞으려고 북쪽을 정문으로 한 게 특이했지.

수원화성은 서쪽에 있는 팔달산만 높은 산지고 나머지는 평지예요. 산지와 평지인 도시를 감싸는 성으로 군사방어기능과 상업기능을 동시에 하고 있어요. 5.4km를 두르고 있는 화성에는 40개가 넘는 시설이 있어요. 하지만 어느 것 하나 모양과 디자인이 꼭 같은 게 없어요. 자리하고 있는 곳에 적절한 역할을 맡고 있어요. 돌과 벽돌을 적절하게 사용해 기능에 맞게 설계했답니다. 성 중심에는 행궁이 있어요. 왕이 와서 머무는 임시궁궐이면서 평소에는 화성을 지휘하는 유수가 근무를 했어요. 행궁에서는 을묘년 정조 어머니 혜경궁 홍씨가 회갑잔치를 열었답니다.

## 3. 사도세자와 정조의 릉
  ● 융건릉

> 융릉이 여기 오면서 지금 수원이 생겼다는 사실이 놀라웠어.

융릉과 건릉이 나란히 있습니다. 융릉은 사도세자 부부가 묻혀 있고, 건릉에는 정조 부부가 잠들어 있습니다. 사도세자는 아버지가 뒤주에 가두어 죄인으로 죽었기 때문에 좋은 자리에 묻히지 못했습니다. 정조는 아버지 죽음을 가슴 아프게 생각하다가 지금 융릉 자리로 무덤을 옮겨 옵니다. 그리고 자신도 아버지 사도세자 가까운 곳에 잠듭니다.

# 38 서른여덟 번째 여행

# 사람이 곧 하늘이다

## 세도정치와 농민항쟁

✳ **한국사 탐험을 떠나기 전 미리 생각해 올 것!**

대를 이어 권력을 물려주면
어떤 문제가 생길까요?
아주 큰 회사 사장을 그 집 자손이
당연히 물려받는다거나
장관을 어떤 집안만 차지한다거나
선생님은 어느 대학 출신만
독차지한다든가 이런 것이죠.
이렇게 되면 어떤 문제가 생길까요?

✳ **준비물**

사건 취재 노트

**연표**

- 1800년 순조즉위, 정순왕후 수렴청정
- 1805년 안동김씨 세도정치시작
- 1811년 홍경래난
- 1834년 헌종 즉위
- 1849년 철종 즉위
- 1862년 진주민란
- 1863년 고종즉위

역사는 오르락 내리락하잖아. 전성기가 있으면 쇠퇴기가 있지.

# 어린이가 왕이 되다

박물관에 오면서 궁금한 게 많았어요. 갑자기 정조가 죽게 된 다음 이야기는 어떻게 될까? 우리는 이번만큼 다음 이야기가 궁금했던 적도 없었어요. 그래서 만나자마자 선생님께 달려갔어요.

"정조가 돌아가신 뒤 계속 어린 왕이 왕위에 오르죠. 순조, 헌종, 철종. 순조는 열한 살, 헌종은 여덟 살. 이렇게 어린이가 왕이 됐어요."

"왕이 어리면 왕실의 어른인 대비가 수렴청정을 한대요. 이때를 세도정치기간이라고 부르죠. 그 기간이 무려 60년이나 이어졌다니 엄청나죠?"

어린이가 왕이어도 어른들이 끼어든단 말에 우리는 무척 실망했어요. 어린이 왕국은 열릴 수 없는 걸까요?

"더 안타까운 일이 있어요. 정조의 아들 순조를 도울 대비는 사도세자를 죽음으로 몰고 간 정순왕후에요."

정순왕후가 누구냐고 하자 사도세자를 죽게 하고 정조가 한 일을 반대했던 영조의 왕비, 정조의 할머니라고 똑똑이가 말했어요. 정순왕후가 정조가 하던 개혁을 모두 뒤집고 규장각과 장용영도 줄였으며, 정조가 키운 인물을 내쫓았다는 말에 한숨을 내쉬었어요.

"그 바람에 정약용도 이때 유배를 가게 된답니다."

그럼 정조가 정성을 들인 일들을 뒤집어 버리면 어떻게 되는 거죠? 조선이 달라질 거라고 기대에 부풀었는데 물거품이 되는 건가요?

"순조가 죽은 다음은 더 어린 헌종이 뒤를 이었어요. 헌종 나이는 겨우 8세였어요. 수렴청정을 할 수밖에 없었죠. 그런데 더 안타까운 건 헌종은 뒤를 이을 아들이 없이 죽었다는 거예요. 그러자 강화도에서 농사를 짓던 18세 철종을 데려다 왕에 앉히고 25세까지 수렴청정을 합니다. 20세가 넘었는데도 수렴청정을 했다는 것은 왕이 허수아비였다는 뜻이죠."

우리는 이야기를 들을수록 멍해져 갔어요. 조선의 역사가 어찌 될지 걱정이 되어 긴장이 됐어요. 선생님은 화려한 행렬을 그린 그림 앞으로 자리를 옮겼어요. 임금님 가례, 혼례식 반차도래요. 반차도는 순서대로 행렬을 이루고 가는 것을 그린 그림이라고 해요.

"그때 수렴청정을 하며 나라를 좌지우지했던 사람이 저 가마 속에 있죠. 순조의 왕비 순원왕후 김씨입니다. 안동 김씨 가문 왕비로 세도정치기간에 안동 김씨를 가장 힘 있는 가문이 되게 한 장본인이죠."

무려 왕을 2명이나 도와 수렴청정을 했다니 권력이 아주 강했겠죠. 우린 순원왕후 얼굴이 보고 싶었지만 가마가 닫혀 있어서 볼 수 없었어요.

"안동 김씨는 60년 동안 조선을 좌지우지하며 나는 새도 떨어뜨린다는 위세를 자랑하죠."

선생님은 설명을 마치고 좌우를 살피고 벽에 숨은 버튼을 눌렀어요. 그러자 전시실에 웅장한 음악이 울리고 행렬 속 사람들이 움직였어요. 우리 옆으로는 행렬을 구경하는 사람들이 하나둘씩 늘어나 거리를 가득 채웠어요. 그러는 사이 선생님과 우리는 어느새 보부상 차림새로 바뀌어 있었어요.

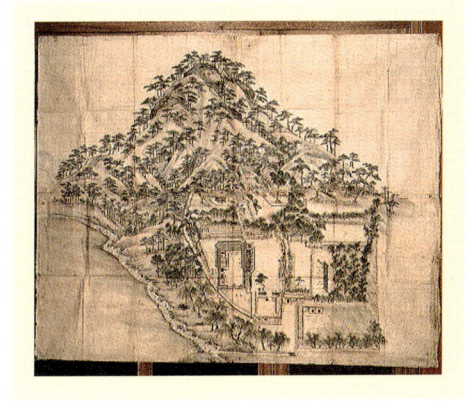

● 옥호정도(국립중앙박물관 소장)
옥호정은 안동 김씨 김조순의 집이에요. 넓은 저택을 통해 세도 정치로 권력을 잡은 사람들의 안동 김씨 가문의 생활을 짐작해 볼 수 있어요.

사람이 곧 하늘이다

# 조정에는 큰 도적, 지방에는 작은 도적

"애들아, 우리 조선시대로 시간 여행 온 건가 봐. 너무 신나."

선생님은 우리를 행렬에서 빠져나오라고 하더니 으리으리한 기와집으로 갔어요. 그 집 앞에는 물건을 가득 실은 수레가 여러 대 줄지어 서 있었어요. 무슨 일인지 궁금해 하고 있는데 옆에 사람들이 수군거렸어요.

돈을 주고 벼슬을 산다는 말에 화가 났어요. 투덜이는 어느 새 줄을 서 있는 사람들에게 다가가더니 따지기 시작했어요.

"아저씨, 벼슬에 나가고 싶으면 과거시험을 봐야지, 정정당당하지 않게 이게 무슨 짓이에요?"

그러자 수염이 유난히 짧은 얌체 같은 아저씨가 어이가 없다는 듯 대답했어요.

"공부해서 과거 급제하는 것은 호랑이 담배 피우던 시절이 이야기지. 과거 시험 소과 합격은 3만 냥, 대과는 5만 냥, 벼슬길에 처음 나가면 1만 냥, 고을 수령은 3만 냥, 관찰사나 유수는 5만 냥 이렇게 내면 되는 것을 삼척동자도 알 거늘!"

벼슬자리에 앉기만 하면 몇 배로 뜯어낼 수 있는데 미련하게 누가 공부를 하냐고 했어요.

"너희들 옷차림을 보아하니 보부상 천한 것들인데, 양반한테 대들다니. 쇠돌아, 이놈들 어서 붙잡아라!" 그러자 덩치 큰 하인이 우리에게 다가왔어요. 우리는 미친 듯이 도망쳤어요.

쇠돌이란 하인을 따돌리고 주막에 앉아 국밥을 한 그릇씩 시키는데 아까 얼굴이 하얗게 질려 꽁지 빠지게 뛰던 선생님 모습이 생각나 키득거리자 선생님도 민망한지 머리를 긁적이며 민망한지 입을 열었어요.

"그때 높은 벼슬은 6대 가문이 거의 다 차지했어요. 그래서 세도 가문에서 태어나면 시험을 보기도 전에 미리 합격 축하 잔치를 준비

했다고 하니 기가 막힌 일이죠."

 이 정도 이야기를 들으면 우리도 이제 조선이 어떤 모습이었을지 짐작이 가요. 나랏일을 맡은 관리들은 탐관오리로 수두룩했을 테고, 이익을 챙기느라 백성들에게 못살게 굴어 백성들만 죽어날 지경이겠죠.

 "이 기간에 청렴결백한 신하로 인정받는 청백리가 한 명도 나오지 않았다는 사실만 봐도 부정부패가 얼마나 심했는지 알 수 있어요."

이야기를 듣고 보니 우리가 온 지금 조선 한양은 정조 때 활기찬 모습이 느껴지지 않았어요.

"좋은 가문에 태어나지 않으면 기회를 가질 수 없다는 것을 알게 된 사람들이 희망을 접어 버렸죠. 이때 바다 건너 유럽에서는 민주주의가 싹트고 영국은 공장에서 물건을 만들어 철도와 증기선에 싣고 세계로 나가는 산업혁명이 일어나고 있을 때였어요."

선생님은 매우 어두운 표정으로 조선 백성들이 어떻게 사는지 보러 떠나자고 했어요. 우리를 주막 뒤뜰로 데리고 가더니 오늘은 좀 멀리 갈 곳 있다며 오랜만에 비거를 타고 강진으로 날아갔어요.

#  땅끝에서 조선의 참모습을 만나다

비거는 파란 바다와 푸른 들판을 날아 남쪽으로 갔어요. 바닷가에서 낮은 산을 등진 마을이 보이자 여기에 내려야겠다며 선생님은 우리보고 꽉 잡으라고 했어요. 마을 어귀 풀숲에 비거를 숨긴 뒤 선생님은 산길을 따라 오르기 시작했어요. 그리고 작은 집이 나오자 선생님은 걸음을 멈추더니 여기가 정약용이 유배 와서 지내고 있는 다산초당으로, 공부하며 제자들을 가르치고 있었다고 했어요.

"정약용이 왜 이런데 와 있는 거예요?"

궁금해하는 우리에게 한탐 선생님이 말했어요.

"정조가 죽자마자 반대파 신하들은 정조가 아끼는 신하를 몰아냈어요."

그때 다산초당 문이 열리더니 정약용이 나왔어요. 마치 우리를 기다렸다는 듯이 반겼어요.

"어서 오렴. 먼 길 오느라 힘들었지."

정약용은 손수 우리에게 차를 끓여 주었어요. 장난이는 유난히 정약용을 좋아했어요. 그래서 묻고 싶은 게 많은가 봐요. 유배 와서 심

심하고, 가족도 보고 싶지 않냐고 물었어요.

"오히려 좋은 점도 있단다. 공부를 맘껏 할 수 있어서 좋아. 정조 임금님은 일을 많이 맡겨서 한가한 틈이 없었거든. 가족이 보고 싶은 것을 빼면 대체로 좋단다."

그러고 보니 정약용은 지독한 공부벌레인가 봐요. 가만 앉아 책을 읽느라 복숭아뼈가 세 번이나 구멍이 났다고 해요. 믿기지 않은 일이었지만 방 가득 책이 쌓여 있는 걸 보니 고개가 끄덕거려졌어요.

정약용은 여기 강진에서 503권이나 되는 책을 썼다고 해요. 그럼, 일 년에 28권 책을 쓴 셈이니 엄청난 일이죠. 그 말을 듣고 투덜이가 유배 왔으면 편하게 쉴 일이지, 왜 이렇게 열심히 공부하고 책을 쓰

사람이 곧 하늘이다 155

● **다산초당**

강진으로 유배를 간 정약용이 11년 동안 머물던 집이에요. '다산'은 정약용의 호이고, '초당'은 억새나 짚 따위로 지붕을 인 작은 집이라는 뜻이에요. 다산이 떠난 뒤 초당은 무너지고 폐가가 되었는데, 이후 이렇게 번듯한 기와집으로 복원되었어요.

냐고 퉁명스럽게 말했어요. 예의없는 투덜이 말투에 우리는 심장이 쿵 내려 앉았어요. 하지만 정약용은 가만히 우리를 보더니 결심한 듯 말했어요.

"너희들이 조선이 어떤 실정인지 알면, 그런 소리를 안할 거야. 나를 따라 오너라."

정약용은 우리를 데리고 강진 여기저기로 데리고 갔어요. 강진에서 본 조선은 참혹했어요. 가뭄 때문에 흉년이 들고 거기다가 전염병까지 돌았어요. 그런데 지방 수령은 백성들에게 아무 도움도 주지

않았어요. 오히려 세금을 거둬들여 중간에서 가로채는 것에만 신경을 쏟고 있었어요. 이게 다 세도정치 때문에 뇌물로 관리가 된 탐관오리라서 그런 거죠.

갑자기 지나가던 울타리 너머로 아주머니 울음소리가 나서 가봤어요. 밀린 세금대신이라며 소를 끌고 갔어요. 길을 막아서며 아저씨가 온 힘으로 막아섰지만 아전은 흠씬 아저씨를 때린 뒤 소를 끌고 가버렸어요. 정약용은 어찌된 일이냐고 아저씨에게 물었어요.

"정상대로 한다면 군포를 낼 사람은 이 몸 한 사람뿐인데 돌아가신 아버지, 갓 태어난 아들, 그리고 도망간 이웃 김 서방네 것, 친척 것도 내야 한답니다요."

이런 식으로 군포를 걷는 일은 허다해서 백성들을 가장 괴롭히는 세금이 되었다고 해요.

"그것만이 아닙니다. 이름도 낼 이유도 모르는데 내야 할 잡세만

40개가 넘습니다. 이 세금 저 세금 못 낸 세금이 눈덩이처럼 불어나 이제 도저히 감당할 수 없게 됐습니다. 그러자 아전이 집에 있는 소를 끌고 가는 버리네요. 내년 농사는 어떻게 지으라고."

"강한 놈들 눈엔 약한 놈 몸뚱이는 제 밥인 거야."

정약용은 백성들 삶이 안타깝다며 한숨 섞인 말을 했어요. 우리는 암행어사가 와서 강진사또를 혼내 줬으면 좋겠다고 입을 모아 말했어요. 그러자 정약용이 말했어요.

"몇몇 가문에서 자기들만 정승되고 판서되고 그것도 모자라 지방 수령 감시하라는 암행어사도 같은 편을 보내니 아무 소용이 없단다. 이것이 세도정치로 망가진 조선의 가슴 아픈 현실이지."

정약용은 강진에서 백성들을 살리기 위해 가장 먼저 바로 잡아야 할 것이 지방 관리들이 바른 정치를 하는 것이라고 생각해 《목민심서》를 쓰고 있다고 했어요.

우리는 마을을 돌아본 뒤 다시 다산초당으로 돌아가자고 했어요. 마을 어귀에 이르자 정약용이 이제 공부할 시간이 되어 가봐야겠다고 하자 우리도 고맙다며 작별 인사를 했어요.

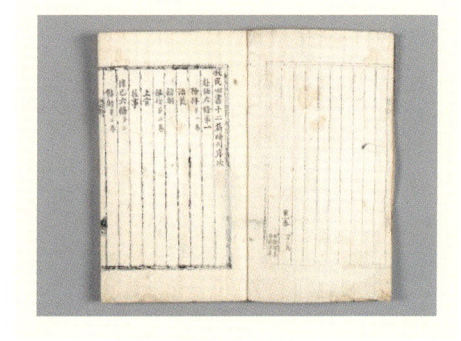

● 목민심서(국립중앙박물관 소장)
정약용이 강진에서 유배 생활을 하는 동안 쓴 책이에요. 백성을 직접 다스리는 지방 관리나 벼슬아치들이 가져야 할 올바른 마음과 몸가짐이 담겨 있어요.

# 차별 없고 모두가 잘사는 세상을 열라

한탐 선생님은 보부상 봇짐을 뒤적이더니 종이 한 장을 꺼냈어요. 재미있는 그림이라며 우리에게 자세히 보라고 했어요. 조선시대 과거시험장을 그린 그림이었어요.

"옹기종기 모여 앉아 있는 걸 보니 서로 의논하며 시험을 보는가 봐요?"

선생님은 과연 그럴까 하더니 우리가 직접 시험장으로 가봐야지 안 되겠다며 비거를 꺼내와 우리를 태웠어요. 그리고 주문을 외웠어요.

"멍텅구리 똥똥구리 엉터리 비리부패 수리수리 과거시험장으로!"

그랬더니 비거가 하늘을 한 바퀴 돌아 그림 속으로 날아들자 금세 시험장 위를 날고 있었어요. 비거에서 시험장을 내려다보니 소리 없던 그림 속 시험장과 달리 여기는 아수라장이었어요. 대여섯 명이 패를 이루어 밀고 들어오더니 좋은 자리를 잡겠다고 서로 몸싸움이 일어났어요. 시험문제가 나오자 대신 답을 써 주면 이름만 써서 내는가 하면, 담 밖에서 답을 서서 전해 주기도 하고, 몸에 답을 숨겨

왔다가 베끼는 사람까지 부정행위가 판을 쳤어요.

그때 시험을 보던 한 청년이 벌떡 일어서더니 소리를 쳤어요.

"이름 없는 집안에서 태어나면 공자 맹자가 와도 불합격할 이따위 시험, 나는 다시 보지 않으리다!"

그리고 시험장을 나가버렸어요. 무슨 일인지 알아보려고 청년을 따라가 물어봤어요.

"내가 여러 번 과거를 봤지만 번번이 낙방했습니다. 실력이 부족해서라고 생각해서 더 열심히 공부해 응시하고, 또 응시했어요. 그런데 알았습니다. 과거시험을 본들 무슨 소용이 있습니까? 합격자는 이미 세력 있는 가문 사람으로 정해진 것을."

이 사람은 평안도에 사는 사람인데 과거시험을 위해 이십 년을 공부했다고 해요. 과거시험을 봤지만 공정하지 않는 데다 평안도 황해도 사람들은 특히 차별을 받아 합격할 기회를 얻지 못했다고 해요. 그래서 이번 참에 벼슬에 나갈 생각은 접고 평안도 가산 다복동으로 갈까 한다고 했어요.

한탐 선생님은 조용히 우리를 부르더니 비거를 타고 우리도 평안도 가산 다복동으로 간다고 했어요. 거기는 홍경래가 10년 동안 난을 준비하고 있는 곳이래요. 저 사람이 거기로 갈 거 같다며 우리도 조용히 비거를 타고 따라간다고 했어요.

"홍경래도 저 사람과 꼭 같이 과거를 준비하다가 지역 차별 때문에 세상의 절망을 알게 되면서 난을 준비하고 있거든요."

다복동에 도착하자 마을 한가운데 한 사람이 연설을 하고 있었어요. 선생님은 저 사람이 홍경래라고 했어요.

"조선에는 희망을 꽂을 바늘구멍만한 자리도 없었습니다. 조선을 뒤집어 새 세상을 만드는 수밖에 없소이다. 우리에겐 뛰어난 인재가 있습니다. 학문과 무술이 뛰어나지만 서자라고 차별받는 우군칙, 노비출신으로 양반이 되었지만 여전히 따돌림을 당하는 부자 이희저, 진사벼슬을 했지만 지역차별을 받는 김창시. 그리고 우리 다복동 성채에 세상을 바로 잡기 위해 그동안 훈련해 온 농민, 광부, 유랑민이었던 여러분이 있습니다. 이제 거사할 때가 되었습니다."

1811년 12월, 추운 겨울인데도 홍경래 군대가 난을 일으키자 곳곳에서 승리를 거두었죠. 홍경래 군대는 못된 관리와 양반을 벌주고 창고를 열어 백성들에게 곡식을 나눠줬어요. 열흘도 되지 않아 평안

도 일대를 차지하고 세력을 넓혀 갔어요.

그때서야 조정에서는 군대를 보냈어요. 홍경래 군대는 정주성에 모여 마지막까지 싸울 결심을 했어요. 조정에서 보낸 군대는 정주성을 새까맣게 둘러쌌어요. 그러나 4개월이라는 긴 싸움 끝에 홍경래의 난은 끝이 났어요.

"그때 붙잡힌 포로는 모두 처형되었는데, 처형된 자가 모두 2천여 명이나 되었어요. 홍경래의 난은 평안도 인구 1/3이 사망하면서도 5개월이나 이어진 민란이었어요."

홍경래의 난이 끝났는데도 사람들은 '홍경래가 죽지 않았대. 다시 거사를 준비하고 있대.' 하며 오랫동안 홍경래가 죽지 않았다고 믿었어요. 세도정치로 백성들 삶은 고달팠고, 희망이 없었기 때문이에요. 그래서 그릇된 세상을 뒤집어 새 세상을 열겠다던 홍경래는 죽은 다음에도 사람들 마음속에서 오래도록 살아 있었답니다.

# 들불처럼 일어나는 백성들

홍경래 난으로 진정되지 않은 우리를 달래더니 한탐 선생님은 비거를 타고 이번엔 멀리 남쪽 진주로 내려간다고 했어요. 비거를 타고 바라본 진주는 남강이 흐르는 아름다운 곳이었어요. 남강 가에 촉석루도 멋졌어요. 임진왜란 때 논개가 일본군 장수를 끌어안고 죽었다는 곳이에요.

"아니, 어떤 놈이 이걸 또 붙여 놨어!"

포졸이 뜯는 종이에는 이렇게 쓰여 있었어요.

'조선이 이씨 나라냐 김씨 나라냐! '안동 김씨가 대를 이어 권력을 독점하니 탐관오리 들끓으니 이 나라가 망하리라. 탐관오리, 너희가 마시는 향기로운 술은 백성의 피요, 기름진 고기는 백성의 살이다.'

"떼어도 떼어도 붙이니 나 원 참……. 다 맞는 말인 걸 어쩌겠나."

포졸이 투덜거리며 벽보를 뜯었어요. 그때 관아 쪽에서 함성소리가 들렸어요. 한탐 선생님은 비거를 소리 나는 쪽으로 돌려 날아갔어요.

"도적놈보다 지독한 탐관오리를 몰아내자!"

함성소리와 함께 새까맣게 사람들이 관아로 몰려가고 있었어요. 진주관아 마당에는 두 사람을 묶어 두고 사람들이 호통을 치고 있었어요.

"나 유계춘이 백성을 대신해 탐관오리인 진주목사 홍병원과 경상 우병사 백낙신에게 말하니 들으라."

이 두 사람은 탐관오리를 대표할 만한 사람으로 그동안 농민들을 몹시 괴롭혀 왔다고 해요. 진주에서 민란이 일어났다는 이 소식이 조정에 까지 올라가자 두 탐관오리의 관직을 뺏었어요. 그리고 박규수라는 관리를 보내 진주에서 난이 일어난 이유를 조사하게 했어요.

박규수는 백성들을 불러 모은 뒤 입을 열었어요.

"이번에 민란을 살피고 오라는 책임을 맡은 박규수요. 조정에서 받은 보고서를 보니 백낙신은 문제가 많은 관리였소. 남의 돈을 떼어먹고 관직에서 쫓겨났다가 안동 김씨에게 뇌물을 주고 진주로 부임해 왔더군요. 그래 어떤 어려움이 있었소?"

박규수는 유계춘과 백성들 대표를 불러 어려움을 물었어요.

"문제가 가장 큰 것은 환곡이었습니다요. 환곡은 만일을 대비해 절반은 남겨놔야 하는데 팔아서 가로채고 조사가 나온다니까 가로챈 것을 백성들에게 채우라고 했습니다. 그뿐 아니라 필요하지도 않은 사람에게 환곡을 억지로 떠넘기고, 모래와 썩은 쌀을 넣어 양을 부풀려 가로챈 금액이 무려 9만 석이었어요. 진주에 있는 총 100호가 한 집 당 900석을 채워야 했으니 감당할 수 없는 금액이었습니

사람이 곧 하늘이다

다."

　백성들의 하소연에 박규수는 백성들을 벌주기보다 수령 잘못이 크다는 판단을 했어요. 진주민란은 현명한 관리 박규수 덕분에 잘 해결되었어요. 진주민란 소식이 알려지자 주변 고을 백성들이 지금까지 참아왔던 화를 폭발시키고 힘껏 외쳤어요.

　"탐관오리를 숙청하라." "백성에게 떠넘긴 부당한 세금을 없애라."

　진주민란은 잘 해결되었지만 백낙신과 같은 탐관오리는 어느 고을에나 흔히 있었거든요. 세도정치 60년 동안 참을 수 없는 분노가 백성들 가슴에 차오르고 있었어요. 진주민란때문에 전국에 민란을 들불처럼 번져나갔어요.

　1862년 한 해에만 무려 71곳에서 농민들이 민란을 일어났어요. 이 해가 '임술년'이라 임술농민항쟁이라고 해요.

# 하늘이여
# 새로 열리소서

비거를 타고 내려다본 세상은 사람들이 간절히 새 세상이 열리기를 바랐어요.

그때 우리 눈에 마을 변두리에 있는 집이 눈에 띄었어요. 어떤 사람이 주변을 조심스럽게 살피더니 집안으로 들어갔어요. 계속 사람들이 비밀스럽게 이 집으로 모이고 있었어요. 모인 사람들은 숨소리조차 크게 쉬지 않았어요. 다만 아주 조용히 만나면 십자가를 앞에 두고 가슴에 십자가 모양의 성호를 그었어요.

한탐 선생님이 조선 조정에서 천주교를 금지했기 때문에 몰래 믿는 모습이라고 했어요.

"천주교를 금지한 또 다른 이유는 조선이 유교의 나라, 양반의 나라라서 그래요. 유교에서 가장 중요한 일은 제사에요. 또 양반들은 특권을 가지는데 상민 노비 모두 평등하다고 하다고 했을 때 질서가 무너진다고 생각했기 때문이에요."

그럼, 양반들은 싫어했지만 차별에 시달리던 백성들은 좋아했냐고 물었더니 선생님은 맞기도 하고 틀리기도 하다며 말을 이어갔어요.

조선에서는 왜 천주교를 금지했지?

아, 천주교를 믿는 사람들이네요.

그것도 몰라? 천주교에서 제사를 안 지내고 사람은 누구나 평등하다고 해서 양반들이 싫어했잖아.

"백성들이라고 천주교를 다 좋아하지는 않았어요. 평등은 좋지만 파란 눈에 하얀 피부를 가진 서양사람들이 전하는 천주교를 낯설어 하는 사람들도 있었어요. 그래서 대체로 도시에 사는 평민, 천민, 여성들이 믿었고, 지방에 사는 농민들은 두려워해서 우리에게 익숙한 내용을 담은 새로운 종교가 탄생했어요."

한탐 선생님은 비거를 타고 새로운 종교가 탄생한 경주 용담정으로 가보자고 했어요. 신라를 배우면서 가 봤던 경주가 아래에 펼쳐졌어요. 그런데 조선시대 경주는 폐허처럼 버려져 옛날에 봤던 경주

● 경주 용담정

동학을 창시한 최제우가 태어난 곳이고, '사람이 곧 하늘이다.'라는 인내천 사상을 깨달아 널리 포교하던 곳이며, 그의 유해를 모신 곳이기도 해요.

의 아름다움은 느끼기 힘들었어요. 하긴 멸망한 지 천 년이 다 되어 가니까요.

용담정에는 어떤 사람이 앉아 사람들에게 이야기를 하고 있었어요. 그 사람이 최제우라고 했어요. 앞에는 《용담유사》라는 책이 놓여 있었어요.

"우리 동학은 두 가지를 중심에 둡니다. 하나는 사람은 누구나 하늘같이 중요하다는 인내천 사상입니다. 또 하나는 후천개벽사상입니다. 이 하늘은 운이 다해 세상이 끝나 가고 있습니다. 이 세상이 끝나면 새로운 하늘이 열리며 새로운 세상이 올 것입니다. 희망을 가지세요. 우리 손을 잡고 의지하며 조금만 더 기다리면 한울님이 새 세상을 열어 줄 것입니다."

● 용담유사

동학의 창시자인 최제우가 포교를 위해 편찬한 것을 제2대 교주인 최시형이 다시 편찬한 동학 경전이에요. 한글로 쓰여 백성들도 쉽게 이해할 수 있었어요.

　듣고 있던 사람들은 모두 얼굴이 환해지며 희망에 찬 얼굴이 되었어요. 사람은 다 평등하다는 생각과 새 세상이 열리기를 바라는 바람을 담았기 때문인지 최제우 말에 감동했어요. 그런데 저런 말을 하면 나라에서 가만둘까요? 동학도 나라에서 금지했을 게 틀림없어요.

　"최제우는 서양학문인 서학과 달리 우리 정서에 맞는 종교라며 '동학'이라고 이름을 붙였어요. 조정에서는 천주교나 동학이나 믿으면 모두 잡아다 처형했어요. 두 종교가 번져가는 것을 두려워해 금지했지만 조용히 사람들 마음에 젖어 들어갔어요. 도시에 사는 사람들은 서양문물과 함께 들어온 천주교를 농촌에서 우리 전통사상을 바탕으로 한 동학이 퍼져 나갔죠. 이런 흐름은 거스를 수 없는 거대한 물결 같은 것이었어요."

이번에는 용담정을 나와 하늘을 날아 계룡산 근처로 갔어요. 가족을 이끌고 산으로 들어가는 사람들이 곳곳에 보였어요.

"저 사람들은 《정감록》이란 책에 쓰인 대로 새 세상이 열릴 것이라고 믿는 사람들이에요. 이씨 조선이 망하고 정도령이 나타나 계룡산을 도읍지로 해서 새로운 나라를 세울 거라는 것을 믿고 몰려드는 거에요."

우리가 비거를 타고 돌아본 세상은 새로운 세상을 기다리는 사람들이 참 많았어요. 어떤 사람들은 커다란 바위에 부처를 그리고 미륵이라고 믿으며 백성들을 구원해 달라고 빌었어요. 똑똑이가 이게 다 미신이 아니냐고 따지자 선생님이 말했어요.

"여러분은 이걸 미신이라고 나무랄지도 몰라요. 하지만 힘없는 백성들이 힘든 세상을 견뎌내기 위해 끝까지 희망을 버리지 않으려는 노력이라고 볼 수도 있어요. 그래서 나라에서 금지해도 막아도 그 기세가 꺾이지 않았어요."

그럼 백성들 소원대로 원하는 세상이 새롭게 열렸느냐고 한탐 선생님께 물었어요.

한딤 선생님은 대답은 하지 않은 채 쓸쓸하게 웃었어요. 그리고 오늘 수업은 이걸로 마무리하자며 비거 조정기를 만지더니 박물관으로 향했어요.

# 세도정치 기간의 시대극 만들기

| 권력을 쥐고 세도정치를 이끄는 안동김씨 | 자기 이익만 챙기는 탐관오리 | 백성들의 고통을 아파하는 학자 | 탐관오리의 횡포에 못 견디는 백성 |

그래 얼마나 가져왔어요? 걱정 말고, 우리 안동 김씨만 믿어! 벼슬과 부귀영화를 보장해 줄게. 매관매직 얼마나 좋은 말이야~

그럼요! 대감님만 믿습니다. 백성들을 위한 정치 따위는 잊겠어요. 더 높은 관직을 위해 저는 안동 김씨 가문에만 충성을 맹세합니다!

백성들의 마음이 하늘이거늘~ 그 마음이 분노와 원성으로 가득 차 있으니 이 일을 어쩐다지? 토지와 세금 개혁을 서둘러야 하는데.

벌레도 밟으면 꿈틀한댔어. 세도가문과 탐관오리들의 횡포를 언제까지 침묵할 수는 없어. 우리 스스로 일어나 우리를 지켜야 해.

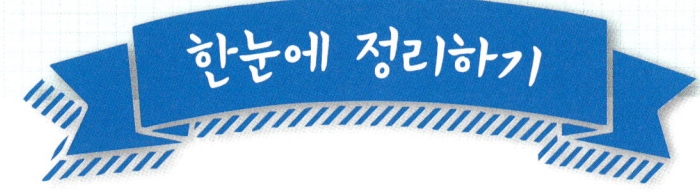

## 한눈에 정리하기

**질문 하나,**
세도정치 기간에 일어난 사건들의 원인과 결과를 정리해 봅니다.
비어있는 동그라미에 관련된 낱말을 넣어 보세요

- ○**관**○**직** : 세도가문은 관직을 사고팔았어요.
- **부**○**부**○ : 돈을 주고 관직을 산 관리는 이런 짓을 저지르죠.
- **탐**○**오**○ : 부정부패가 심한 이런 관리도 늘어나죠.
- ○**정**○**란** : 세금 부풀리고 없는 세금을 걷어 백성들이 힘들었어요.
- ○**란** : 참고 견디던 백성들이 세도정치와 탐관오리에 저항했어요.

〈보기〉 탐관오리, 삼정문란, 매관매직, 부정부패, 민란

**질문 둘,**
이때 사람들에게 위로가 되었던 종교가 있었어요. 어떤 종교일까요?

천주교 ㄱ

걱정이나 큰일이 있으면 큰 나무나 바위에 기도합니다. 지금 나라가 망하고 새로운 세상이 열리기를 바라는 믿음이 널리 퍼졌습니다. 새 세상을 예언하는 책도 있었습니다. 이 책은 무엇일까요?

정감록 ㄴ

서학을 연구하면서 조선 사람들에게는 낯선 새로운 종교가 들어왔습니다. 서양에서 들어온 종교에서 말하는 평등사상은 여러 사람에게 희망을 주었죠.

동학 ㄷ

인내천사상과 함께 모든 사람이 평등하다는 교리가 사람들 마음을 사로잡았습니다. 서학이 우리 풍습을 어지럽힌다고 생각해 우리 전통 사상을 바탕으로 등장한 종교입니다.

● 정답은 238쪽에서 확인하세요!

## 세도정치와 농민항쟁의 시기로 시간여행을 떠난다면?

### 1. 다산 정약용의 유배지
● 다산초당

> 정약용은 초가집에서 살았다고 하는데 지금은 기와집인 게 아쉬웠어.

> 일 년에 30권 정도 책을 썼다는 게 말이 되니? 어른들은 일 년에 책 20권도 안 읽던데.

다산에게 유배 생활은 불행이었지만 우리 역사에는 행운이었다고들 이야기해요. 정조가 살아 있었을 때는 규장각 신하로 뽑혀 눈코 뜰 새 없이 바쁜 나날을 보냈던 정약용이에요. 그러나 강진으로 유배 오면서 한가한 시간을 갖게 되지요. 정약용은 유배 생활을 분노와 원한으로 채우지 않고 뛰어난 업적을 남겨요. 바로 500여 권의 책을 남긴 거예요. 일 년에 약 30권 정도를 써야 가능한 양이에요. 그때 쓴 《목민심서》는 지금도 정치를 하시는 분들이 꼭 읽을 정도로 시대를 뛰어넘는 대단한 걸작이랍니다.

## 2. 동학의 성지를 찾아서
● 동학성지 경주 용담정

> 최제우는 한울님을 믿는 누구나 하늘같이 귀하다'는 인내천을 이야기했대.

자식이 없던 아버지가 예순이 훨씬 넘어서 최제우를 이곳에서 낳았다고 해요. 그때 구미산이 사흘 동안 진동했다는 이야기가 전해져요. 젊은 시절 여기에서 한울님으로부터 계시를 받고 동학을 창시한 곳이기도 해요. 동학의 교리를 담은 《용담유사》가 여기 용담정 이름을 땄다는 것은 아시겠죠? 최제우가 백성들을 나쁜 길로 이끄는 종교를 만들었다고 처형되고 나서 한동안 황무지로 버려졌어요. 그러다가 1970년대부터 지금처럼 꾸며지기 시작해요.

# 39 서른아홉 번째 여행
## 조선을 개혁하라

> 탐관오리나 없앴으면 좋겠어요. 꽥꽥! 돈만 밝히는 오리들.

### 흥선대원군의 개혁정치

✱ **한국사 탐험을 떠나기 전 미리 생각해 올 것!**

여러분이 흥선대원군이라면 어떤 것을 개혁하고 싶나요? 세도정치 기간, 조선에 어떤 일이 일어났는지 잘 알죠? 그 내용을 바탕으로 어떤 개혁이 필요한지 미리 생각해 보세요.

✱ **준비물**

흥선대원군을 인터뷰할 수첩과 필기도구

> 내가 미리 책을 읽어서 알지 이번 역사 탐방은 사이다처럼 속이 시원할걸.

**연표**

- **1863년** 고종이 왕위에 오르면서 흥선대원군이 섭정함
- **1864년** 세도가문을 몰아내고 인재 등용
- **1867년** 경복궁 완공
- **1868년** 당백전 발행
- **1869년** 원납전 강요
- **1871년** 호포제 실시, 서원정리
- **1873년** 대원군 물러남

# 이하응, 최고 권력자가 되다

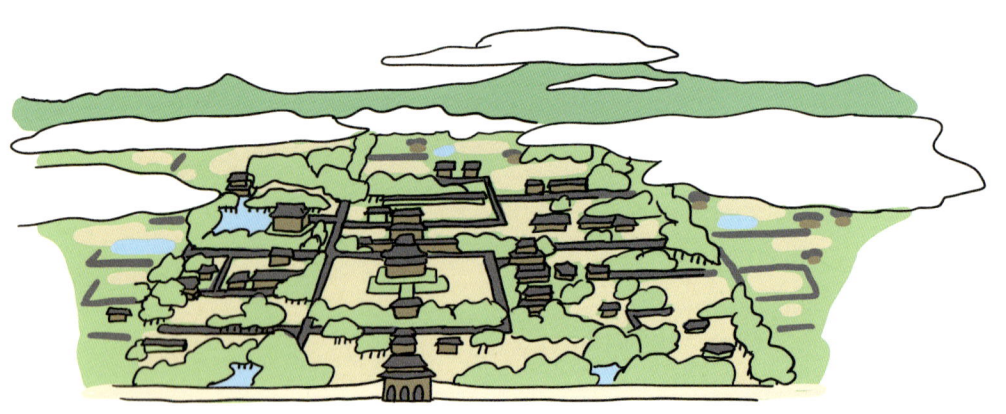

오늘은 한탐 선생님이 먼저 박물관에 나와 있어요. 사총사가 다 도착하자마자 약속시간이 늦었다면서 어서 가야 한다며 괴나리봇짐에서 뭐가를 꺼냈어요.

한탐 선생님은 지난번 만난 김정호가 한양만 따로 새긴 '수선전

● 경복궁

조선을 건국한 태조 이성계가 세운 조선 최고의 궁궐이었어요. 그러나 임진왜란 때 불에 타 사라지고, 250년 넘게 방치되어 있다가 조선 말에 흥선대원군이 고종의 왕권을 위해 다시 지었어요.

도'라고 했어요. 우리가 한목소리로 주문을 외면서 이 목판을 밀면 시간여행을 해 줄 거래요.

한탐 선생님은 "타파돌파격파 파파파세도!"를 외친 다음 목판을 밀면서 "날아라 광화문"한 뒤 올라타라고 했어요.

선생님이 시킨 대로 했더니 어느새 경복궁 정문인 광화문 앞에 와 있었어요. 광화문은 언제 봐도 위엄이 느껴졌어요.

"돌발퀴즈! 경복궁은 태조 이성계가 지은 것이다. 맞으면 O 틀리면 X "

선생님은 목판에서 내리자마자 숨 돌릴 틈도 없이 퀴즈를 냈어요. 하지만 이 정도쯤이야 문제없죠. 우리는 모두 'O'라고 답했는데 선생님은 'X'라는 거예요.

"조선을 건국하면서 세웠던 흔적은 경복궁에서 찾을 수 없어요."

조선을 개혁하라 **181**

우리가 지금 보고 있는 경복궁은 임진왜란 때 완전히 불타서 사라졌다가 270년 후 다시 지어진 것이래요. 선생님의 설명을 듣고 나니 임진왜란 때 배웠던 게 생각났어요. 한탐 선생님은 오늘 경복궁 앞에서 만나자고 한 것은 여기에서 약속이 있기 때문이래요. 이하응을 만나기로 했다고 해요.

이하응? 누구지? 이름도 희한하네. 이렇게 생각하고 있는데 선생님은 이하응을 만나면 정신이 없을 테니까 얼른 수문장 아저씨랑 기념사진을 찍자고 했어요. 남는 건 사진밖에 없다면서요.

하나, 둘, 셋, 찰칵! 유난히 눈이 부시게 플래시가 번쩍 터졌어요. 그런데 그 빛과 함께 우리 시간여행을 와 있나 봐요. 광화문이 사라지고 경복궁은 허허벌판으로 바뀌었지 뭐예요! 우리가 온 곳은 1863년 조선이라고 해요.

"왕족이 왕족답게 행동해야지. 공짜 술 얻어먹으려고 기웃거린다며? 상갓집 개도 아니고."

사람들은 흥선군을 뒤에서 비웃었어요. 그걸 아는지 모르는지 흥선군은 아무렇지도 않다는 듯 걸어왔어요.

"흥선군이 저러는 데는 비밀이 있어요."

선생님이 소곤소곤 이야기해줬어요. 안동 김씨 세도가문에서 똑똑한 왕족이 눈에 띄면 거짓말로 역모를 꾸며서라도 죽여 버리기도 했대요. 왕족은 정치에도 세상에도 관심이 없는 것처럼 보여야 살아남을 수 있으니 저러는 거래요. 그런데 흥선군은 술을 얻어먹고 길

거리를 다니면서 백성들이 하는 말을 유심히 듣다가 주먹을 불끈 쥐기도 하고 눈빛이 날카롭게 빛나기도 했어요. 사총사 눈에는 야심을 숨기는 사람 같았어요. 흥선군 정체가 흥미진진해졌어요.

흥선군은 어느 대갓집을 조용히 찾았어요. 그 집에는 줄기가 하얀 백송이 유난히 눈에 띄었어요.

잠시 후 흥선군이 집안에서 나왔어요. 기분 좋은 일이 있는지 환히 웃으며 백송을 보며 중얼거렸어요.

"백송이 희면 좋은 일이 생긴다더니 올해 백송은 유난히 희군."

그리고 우리를 보더니 자신의 비밀작전이 이제 곧 성공할 것 같다며 오늘은 이만 헤어지자고 하더니 홀연히 사라졌어요.

# 세도 가문을 몰아내고
# 정직한 인재를 쓰라

'비밀작전'이 뭔지 궁금했지만 갑자기 사라져 버리자 사총사는 얼떨떨했어요. 한탐 선생님은 빙그레 웃으며 이렇게 말했어요.

"지금 철종이 건강이 아주 좋지 않은데, 왕을 이을 아들이 없어요! 흥선군은 지금을 하늘이 준 기회라고 생각하고 있어요."

흥선군은 둘째 아들을 왕으로 세우려는 계획을 진행하고 있대요.

아까 흥선군이 찾아갔던 집은 풍양 조씨가 살고 있는 집이자 왕실의 최고 어른인 조대비 친정집이래요.

철종이 죽자 조대비가 흥선군의 둘째 아들을 자신의 양자로 삼고 26대 왕으로 자리를 잇게 한다고 선언해 버렸대요. 12세밖에 되지 않았던 그 왕이 고종이래요.

그 후 흥선군은 왕 대신 정치를 도맡아 섭정하면서 왕의 아버지란 누구도 건드릴 수 없는 힘을 가지게 됐대요.

한탐 선생님이 이렇게 말하며 이제 흥선군이 아니라 흥선대원군이라고 부르라고 했어요. 왕의 아버지를 대원군이라고 한대요. 우리는 백송이 있는 집에서 길을 건너 긴 담장을 따라 갔어요. 그 집은

조선을 개혁하라

사람들로 북적거렸어요. 여기가 운현궁이라고 했어요.

"'궁'이라고 하는데 왜 이렇게 작아요?"

한탐 선생님은 고종이 12세까지 살았던 곳이라 궁이라고 부른다며, 왕은 창덕궁에 살고 흥선대원군이 여기에 산다고 했어요.

한탐 선생님은 경비병에게 다가가더니 괴나리봇짐에서 패를 꺼내 보여줬어요. 그러나 깐깐하게 따지는지 한참 이야기를 나누고 나서야 되돌아와서 출입 허가를 받았다고 했어요.

우리는 흥선대원군이 있는 사랑채로 갔어요. 흥선대원군은 높다란 영화루에서 손님과 이야기를 하고 있었어요.

태산을 깎아 평지로 만들고 남대문을 3층으로 세울 것이다.

우리 이야기를 듣고 있던 한탐 선생님이 깜짝 놀라며 말했어요.

"제법인데요. 맞아요. 남인 세력을 끌어들여 세도 가문과 맞서게 해서 태산 같던 안동 김씨 가문의 권력을 낮추겠다는 말이에요."

이 말은 세도정치를 몰아내고 나라를 바로 세우겠다는 뜻이잖아요. 어떤 일이 일어나고 있는지 우리가 궁금해하자 한탐 선생님은 흥선대원군을 따라가면 알게 된다고 했어요.

조선을 개혁하라

## 경복궁을 중건하라

흥선대원군은 운현궁을 나와 경복궁 터에 도착했어요. 빈터로 남아 폐허가 된 경복궁 터는 지는 해를 배경으로 무척 쓸쓸해 보였어요.

"폐허가 된 경복궁의 모습은 왕실의 모습이기도 하지."

그러더니 우리를 돌아보며 자신이 다시 왕권을 강화시키지 않는다면 어찌 조상들 볼 면목이 있느냐며 주먹을 불끈 쥐었어요. 흥선대원군은 경복궁을 다시 세우겠다는 계획을 발표했어요. 아주 큰 공사였어요.

공사장의 사기를 북돋으려고 안성에서 유명한 바우덕이 남사당패를 불러 공연도 했어요. 바우덕이는 여성인데 처음으로 남사당을 꼭두쇠가 될 정도로 신출귀몰한 묘기를 보였어요. 공연에 감동한 흥선대원군은 천민이었던 남사당패인 바우덕이에게 정3품 당상관 벼슬을 내리고 옥관자도 하사했어요.

공사장은 활기가 넘치고 건물 하나하나가 완성되어 갔어요.

"경복궁을 짓는다고 하자 처음엔 백성들도 환영했어요. 그런데……."

한탐 선생님이 말을 잇지 못하고 다음 상황을 보자며 했어요.

경복궁 공사장에 큰불이 나고 말았대요. 방화로 생각되는 불이 나

서 지었던 건물이 불타버렸어요. 그 후부터 공사가 어려움을 겪어요. 우선 목재를 구하기 어려웠어요. 돈도 부족했죠. 그래서 양반들 조상 묘에서도 나무를 베어와 원망을 듣게 되죠. 한양 사대문을 드나들 때 문세를 걷는 등 잡세가 생겨났어요. 스스로 원해서 내던 기부금인 원납전도 강제로 떠안기는 경우가 많았어요. 전국에 장정들을 날마다 수만 명씩 불려와 일을 했어요.

그러자 무리한 경복궁 공사를 반대하는 사람들이 늘어났어요. 그래도 대원군은 밀어붙였어요. 대원군은 털끝만큼도 흔들리지 않았어요.

"또 하나 문제는 당백전이었어요. 부족한 돈을 채우려고 흥선대원군은 당백전이

● 당백전
흥선대원군이 경복궁 중건 비용을 마련하기 위해 발행한 화폐예요. 상평통보보다 100배 비싼 돈인 당백전 때문에 물가가 크게 오르자 조선 조정은 당백전의 발행을 중지하였어요.

란 돈을 만들어 쓰게 했어요. 지금까지 쓰던 돈보다 100배나 큰 돈이 나돌자 물가가 높아져 갔어요."

이제 공사장 노랫소리는 흥이 아닌 원망이 담긴 소리로 바뀌어갔어요.

그러나 고집스러운 공사 끝에 총 7,225칸인 조선 최고의 궁궐 경복궁이 완성되었어요. 경복궁은 완성됐지만 높아진 물가와 대원군을 향한 원망이 남게 되었어요.

# 양반도 세금을 내라

홍선대원군을 따라 이번에는 창덕궁으로 갔어요. 고종과 조정에 높은 관리들이 참가하는 회의에 홍선대원군이 참석했어요. 홍선대원군이 말했어요.

"우리나라를 좀 먹는 벌레는 탐관오리라고 생각합니다. 백성들이 가장 힘들어하는 세 가지 세금 '삼정'을 바로잡겠습니다!"

신하들이 움찔하는 모습이 눈에 보였어요. 홍선대원군은 앞으로 백성을 괴롭히는 탐관오리는 누구라도 용서하지 않고 엄격하게 처벌하겠다고 선언했어요. 탐관오리들이 자기 재산을 늘리는데 이용하는 군포부터 손대겠다고 했어요. 신하들은 대부분 '아니되옵니다', '통촉하시옵소서'를 외치며 반대했어요.

그러자 홍선대원군이 어떤 신하를 향해 말했어요.

"백성들이 군포를 얼마나 내는지 아시오?"

질문을 받은 신하는 대답을 머뭇거렸어요.

홍선대원군은 준비해 온 자료를 보여줬어요.

● 삼정
당시 백성들이 내던 세 가지 세금을 말해요. 갖고 있는 땅 크기에 따라 내는 전정, 군대를 가는 대신 내는 군정, 환곡을 빌렸다 갚는 환정이 있답니다.

"경상북도 영천을 예로 들겠습니다."

이 마을에서는 나라에서 내라는 군포를 받아 마을 사람 가운데 15%가 도맡아서 내고 있다고 했어요. 열 명 가운데 일곱은 양반이라 군포가 면제되고 노비도 내지 않아도 되기 때문이라고 했어요.

"그래서 호포제를 실시하고자 합니다. 양반도 군포를 내는 것, 이것이 호포제입니다."

신하들은 양반도 상민과 똑같이 군포를 낸다면 양반의 권위는 땅에 떨어질 것이라며 반대했어요.

그러자 흥선대원군은 침착하게 이렇게 말했어요.

"나라를 지키는데 양반이 더 앞장서야지요. 양반이라 꺼려지신다면 노비 이름으로 세금을 내시면 됩니다."

'호포제'를 실시한다고 하자 백성들은 대환영이었어요.

그 밖에도 흥선대원군은 환곡도 고을 수령이나 아전이 아닌 민간에서 관리하는 사창제를 실시해요. 관리와 아전들 부정부패가 끼어들지 못하게 했죠. 앞으로 무엇을 개혁할지 다음 이야기가 기대돼요.

## 서원을 정리하라

밖이 소란해서 나가봤더니, 전국에서 줄줄이 유생들 1천여 명이 올라와 궁궐 앞에 주저앉아 피를 토할 듯이 소리쳤어요.

"서원 철폐령을 거두소서!"

구름떼처럼 모인 선비들은 구구절절 절실한 표현을 담아 절규를 쏟아냈어요. 흥선대원군이 47개 대표 서원만 남기고 모두 문을 닫으라 하자 반대하는 사람들이 몰려온 거래요. 왜 공부하는 서원을 닫게 하는지 궁금해하자, 한탐 선생님은 지방으로 내려가 백성들 반응은 어떤지 살펴보자며 괴나리봇짐에서 수선전도를 꺼냈어요.

"타파돌파격파 파파파세도!" 우리는 이렇게 외친 뒤 '날아라 충청'하자 수선전도가 남쪽으로 날기 시작했어요. 먼저 도착한 곳은 서원이 많기로 유명한 충청도였어요.

'승지 위에 임금, 임금 위에 만동묘지기'

아이들이 이상한 노래를 하고 지나갔어요.

화양동 서원* 위에는 임진왜란 때 조선에 군대를 파병해준 명나라 황제를 기리는 사당 만동묘가 있었고 명나라 은혜를 잊지 않겠다며 제사를 지내는 곳이래요.

"누구도 함부로 건드리지 못할 정도로 위세가 대단했어요. 횡포가 심하기로 이름난 곳이기도 해요."

● 화양동 서원
조선의 유학자 송시열을 모시고, 명나라와의 의리를 기리기 위해 충북 괴산군 화양동에 서원을 세웠어요. 그러나 고종 때 흥선대원군의 서원 철폐령으로 문을 닫았어요.

화양동서원 문 앞에도 철폐를 알리는 방이 붙어있었어요.

"경사 났어. 전국에 바르게 운영하는 서원 47개만 남기고 문을 닫게 한대 그려."

대원군이 백성들 속을 들여다보고 있는 것처럼 정치를 해서 속이 후련하다고 백성들은 매우 좋아했어요.

한탐 선생님은 전국에 서원이 600여 개나 되었다고 했어요. 서원을 정리하고 나면 서원이 가진 토지를 백성들에게 나눠주면 좋겠다는 사람도 있었어요.

"백성들을 가장 괴롭힌 것이 묵패˚에요."

또 양반들이 서원을 이용해 세금을 내지 않는 꼼수를 부렸어요. 서원 토지는 세금을 내지 않아도 되죠. 그러니까 양반들이 자기 토지를 서원토지인 것처럼 속여 세금을 내지 않았어요. 군대도 가지 않고 혜택만 누리면서 백성을 괴롭히니 문을 닫게 한 것은 잘한 일이라고 백성들은 박수를 보냈어요.

● 묵패
서원에서 제사를 지낼 때 비용을 걷는다고 묵패를 돌렸어요. 서원에서 지내는 제사라 백성들과 아무 상관이 없었지만, 양반들의 위세에 눌려 낼 수밖에 없었대요.

수선전도를 타고 다시 한양 창덕궁 앞으로 오자, 여전히 유생들은 줄줄이 엎드려 서원 철폐를 반대한다고 시위를 하고 있었어요.

그러자 흥선대원군이 단호하게 한 마디 했어요.

"공자가 살아온다 해도 백성에게 해가 된다면 서원을 철폐했을 것이다."

우리 사총사는 양반들 반대에도 흔들리지 않고 백성들 편에 서서 개혁을 해 나가는 흥선대원군이 대단하다고 입을 모았어요.

조선을 개혁하라

 # 고종과 왕비 민씨, 정권을 빼앗다

운현궁에 혼례가 있대요. 왕과 왕비가 올리는 혼례라고 해요. 임금님이니까 가례를 올리는 것을 보기 쉽지 않아요. 어서 가보도록 해요.

임금인 고종이 창덕궁에서 나와 운현궁에서 가례를 올리고 창덕

● 건청궁

경복궁 안에 있는 궁궐로 고종이 지었어요. 고종은 건청궁에 조선 최초로 전등을 설치하고, 서양식 시계탑도 세워 새로운 서양 문물을 수용하려는 의지를 보였어요. 그러나 1895년 명성황후가 시해당하는 사건이 일어난 곳이기도 해요.

궁으로 간대요. 임금님 어가행렬은 정말 화려하고 볼 만 했어요. 700여 마리가 끄는 행렬이었어요. 구경 나온 백성들도 아주 많았어요.

가례는 흥선대원군 사랑방인 노안당 뒤에 있는 노락당에서 했어요. 15세 고종과 16세 왕비 민씨가 조용하지만 밝은 음악 속에 아름다운 가례를 올렸어요.

"왕비감은 흥선대원군이 직접 골랐다고 해요." 왕비 민씨는 흥선대원군의 부인과 친척이에요. 흥선대원군은 잘 알고 있는 사이라 믿음이 갔고, 집안은 좋은데 형제가 많지 않은 것도 마음에 들어했어요.

세도정치 기간에 외척들이 말썽을 부렸잖아요. 외척이 판치지 않으려면 형제가 적어야 한다고 생각했어요. 왕비 민씨는 양자로 들어온 오빠 말고 다른 형제는 없었어요.

한탐 선생님은 시계를 보더니 경복궁이 완성되었을 시간이라며, 가서 흥미진진한 역사를 만나게 된다고 했어요. 우리는 선생님을 따라 경복궁에서도 더 안쪽으로 들어갔어요.

경복궁에는 궁궐이 또 하나 있다고 해요. 건청궁이래요.

건천궁에서 만난 고종은 벌써 22세 청년이 되어있었어요. 그런데 흥선대원군은 고종에게 정치를 물려 줄 생각을 하지 않는다고 화가 나 있었어요. 20세가 되면 왕이 혼자 나라를 다스리는데 말이죠.

그때 마침 전에 동부승지를 맡았던 최익현이 상소를 올렸어요.

고종이 아버지가 계속 정치하는 것을 좋아하지 않겠는걸요.

스물두 살이면 독립해야지. 아버지가 다 해주면 화가 나지.

　흥선대원군 정치를 비판하는 상소였어요. 그리고 성인이 된 왕이 직접 정치를 하게 해야 한다고도 했어요.

　그러자 그동안 흥선대원군에게 불만이 많았던 양반들과 유생들이 함께 최익현 의견에 찬성했어요. 흥선대원군이 했던 많은 정책을 마음에 들지 않아했잖아요. 흥선대원군은 여론에 밀려 정치를 내놓을 수밖에 없었어요.

　고종과 왕비 민씨는 아버지와 다른 정치를 할 것이란 선언으로 건천궁이라는 궁궐을 하나 더 지었던 거래요. 새로 지은 건청궁에서 고종과 명성황후는 어떤 정치를 펼쳐 나갈까요? 다음 시간을 기대해 주세요.

# 흥선대원군의 개혁 연표 만들기

**1863** 흥선대원군이 섭정하고 인재를 등용함

**1867** 경복궁 완성

"왕권을 상징하는 경복궁을 새로 지었어. 하지만 무리한 공사 백성들이 힘들어졌어."

**1868** 당백전 발행

**1871** 호포제와 서원정리

**1873** 흥선대원군 물러남

"어린 아들이 조선의 왕위에 오르자, 대원군은 세도가문을 몰아내고, 인재를 등용했어."

"경복궁을 지는 경비를 위해 당백전을 발행하였는데, 화폐의 가치가 떨어지고 물가가 오르는 부작용이 생겼어."

"양반에게도 세금을 내게 하였어. 또 나라 살림을 축내고 백성들을 괴롭히는 서원 등을 정리했어."

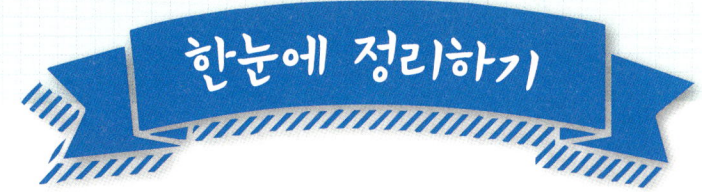

## 한눈에 정리하기

**질문 하나,**
세도정치 기간에 일어난 문제들이에요. 흥선대원군은 이 문제를 해결하기 위해 어떤 개혁을 했을까요? 보기에서 찾아 쓰세요.

〈보기〉 호포제, 경복궁 중건, 인재등용, 서원정리, 사창제

❶ 벼슬을 사서 관리된 사람들은 부정부패를 저지르는 탐관오리가 되었어요. 자기 뱃속을 채우기 위해 세금을 부풀려 걷고 없는 세금을 만들어서 걷었어요.

❷ 양반이 70%나 되는 세상이 되었어요. 마을에 할당되는 군포를 남은 상민들이 나눠서 내야 했기 때문에 세금은 언제나 부담이었어요.

❸ 세도정치 기간에 추락한 왕권을 바로 세우겠다는 의지로 이 건물을 다시 세우죠.

❹ 전국에 600개가 넘는 서원 때문에 백성들은 무척 괴로웠어요. 또 세금을 감추는데 서원을 이용하는 바람에 나라 살림도 어렵게 했어요.

❺ 곡식이 필요한 백성들에게 나눠주던 환곡을 탐관오리들이 이용해 이익을 챙겼어요. 그래서 관리들이 아닌 민간에서 환곡을 관리하게 해요.

❶ _____  ❷ _____  ❸ _____
❹ _____  ❺ _____

• 정답은 238쪽에서 확인하세요!

# 흥선대원군의 개혁정치 시대로 시간여행을 떠난다면?

## 1. 흥선대원군의 저택

● 운현궁

양반들이 반대해도 한 치도 물러서지 않고 개혁을 하던 흥선대원군이 생각나!

옛날에 이곳 언덕을 구름재라고 했다고 해요. 한자로 운현이 되죠. 조선 마지막 개혁가라는 평가를 받는 흥선대원군이 생활했던 곳입니다. 흥선대원군의 아들 고종이 어렸을 때 살았던 잠저라서 '궁'으로 높여 부르죠. 들어가면 수직사가 있습니다. 흥선대원군을 경호하던 병사들이 거주했죠. 살아 있는 왕의 아버지로 궁궐 경호를 맡던 사람들이 파견되었대요. 수직사규모를 보면 흥선대원군의 위세를 알 수 있어요. 안으로 들어가면 사랑채 노안당이 나와요. 또 고종이 가례를 올린 노락당, 안채인 이로당도 있어요.

## 2. 조선 말 여러 역사가 깃든 곳
● 헌법재판소

헌법재판소에 있는 입구 경비실에서 관람하러 왔다고 하면 안으로 들어갈 수 있어요. 안으로 들어가면 가장 눈에 띄는 것은 백송입니다. 소나무 줄기가 하얗다는 것을 보고도 칠을 한 게 아닌가 의심이 자꾸 들 정도로 뽀얗고 하얀 피부를 가진 소나무입니다. 이곳은 철종 때 조대비(신정왕후) 친정이었다고 합니다. 조대비와 연결되어 아들을 왕위에 올리려던 흥선대원군은 백송 줄기가 유난히 하얀 것을 보고 자기 일이 성공할 것을 믿었다고 합니다. 뒤뜰에는 역사 현장이 아주 여러 곳 있답니다. 박지원의 손자 박규수가 살았던 곳이기도 해요. 또 우리나라 갑신정변을 일으킨 홍영식네 집도 여기 있었어요. 갑신정변이 실패하면서 홍영식은 처형당하고 재산도 몰수당합니다. 그때 갑신정변 때 다친 민영익을 치료해준 대가로 홍영식네 집에다 우리나라 서양식 병원 제중원이 들어섭니다.

> 줄기가 하얀 백송은 천연기념물이래요. 정말 신기해.

## 3. 왕권강화를 위해 재건된 궁궐
● 경복궁

북악산을 등지고 있는 경복궁은 하늘이 아름다워요. 근정전에 서면 뒤 배경은 언제나 하늘이죠. 하늘로 날아오를 듯 펼쳐진 추녀와 2층짜리 근정전은 왕의 권위를 가장 잘 보여주는 건물이죠. 경복궁은 처음 태조 이성계가 한양으로 도읍을 옮기면서 창건했어요. 임진왜란 때 불타는 바람에 고종 때 흥선대원군 주도로 다시 지어졌죠. 500개가 넘은 건물들이 미로처럼 들어선 웅장한 궁궐입니다. 왕이 사무를 보는 시설과 왕실 가족이 생활하는 공간, 휴식 공간 후원으로 구성되었어요. 북쪽으로는 북악을 등지고 정문 광화문 앞으로는 넓은 육조거리가 펼쳐집니다. 일제강점기 훼손되어 계속 복원 중이지만 경복궁은 조선 으뜸 궁궐인 법궁입니다.

> 경복궁을 중건하면서 여러 가지 일도 많았지.

> 그래도 조선을 대표하는 궁궐로 자랑스러운 문화유산이 되었어.

# 40 마흔 번째 여행

# 조선, 세계로 문을 열다

## 밀려오는 서양세력과 일본

**한국사 탐험을 떠나기 전 미리 생각해 올 것!**

새로운 문화와 환경을 받아들일 준비가 채 되지 않았어요. 새로운 문화와 환경을 두고 우리는 어떤 태도를 갖는 게 좋을까요?

**준비물**

강화도 지도 한 장

**연표**

- 1866년
  - 미국 제너럴 셔먼호 사건
  - 병인박해
  - 병인양요
- 1871년
  - 신미양요
  - 척화비를 세우다
- 1875년
  - 일본 운요호사건
- 1876년
  - 강화도조약

조선은 어떻게 새로운 환경에 적응할까?

# 그때 아시아는

박물관에서 만나자 선생님은 모형 배 두 척이 있는 곳으로 우리를 데리고 갔어요. 증기기관을 달아 먼 바다까지 끄떡없이 다닐 수 있는 배래요. 배 한가운데 커다란 굴뚝이 있어 검은 연기를 내뿜으며 먼 바다를 항해하는데, 이 배를 조선 사람들은 우리 배와 생김새가 다른 이상한 서양 배라며 이양선이라고 했다고 해요.

조선 앞바다에도 영국, 프랑스, 미국, 러시아의 이양선이 자주 나타났대요. 바다 깊이를 잰다며 기웃거리기도 하고, 무역을 하자며 접근하기도 했대요.

"이양선은 보통 배가 아니에요. 무기와 군인을 실은 군함이에요. 유럽에서 서로 경쟁하면 싸우니까 아프리카, 아시아로 온 거예요."

한탐 선생님 이야기를 들으니 평화롭던 조선 풍경을 앞으로 보기 힘들 거 같아 은근히 걱정이 됐어요.

"작고 약한 나라에 접근해 억지로 문을 열고 무역을 하도록 위협했다고 역사책에 나오는 배가 이 배예요."

이렇게 하면 물건도 팔고 자원과 노동력을 싸게 이용해 이익을 많

지도를 볼까요? 조선을 둘러싼 세 나라는 청나라, 일본, 러시아에요. 조선도 항구를 열어서 서양문물을 받아들이는 개항기가 시작돼요. 중국은 1840년 아편전쟁에서 크게 패하면서 5개 항구를 개항했어요. 일본은 1854년에 함대를 앞세워 위협하는 미국과 조약을 맺고 항구를 열었어요.

이 남겼기 때문에 유럽 여러 나라는 앞다투어 이양선을 바다로 내보냈대요.

"그리고 상대국가가 근대조약을 이해하지 못하는 약점도 이용해 자기들에게만 유리한 조약을 맺었어요."

한탐 선생님 이야기를 들으니 화가 났어요. 그건 정정당당하지 않잖아요. 선생님은 이런 식으로 다른 나라를 침략하는 걸 '제국주의'라고 했어요.

"이양선을 앞세운 제국주의 국가는 기계도 공장도 없고, 총도 대포도 모르는 아메리카를 침략한데 이어, 아프리카를 차례로 굴복시킨 뒤 이제 동아시아로 눈길을 돌렸죠."

이런 유럽 여러 나라가 조선에도 접근한다면 조선의 앞날이 순탄하지 않을 것 같아 걱정이 됐어요.

# 서양 세력, 조선으로 접근하다

선생님은 박물관 뒤로 갔어요. 배가 한 척이 준비되어 있었어요. 한탐 선생님은 팔목에 찬 시계를 보더니

"박규수 나리가 올 때가 됐는데."라고 말했어요. 선생님 시계는 우리가 역사 시간여행을 갈 시간을 알려준대요. 선생님이 말을 마치자 저기서 아저씨 한 분이 걸어왔어요. 조선시대 관리 옷을 입고 팔자걸음으로 휘이휘이 걸어오고 있었어요.

"선생님, 저 분 연기자예요? 역사 드라마 촬영하고 오시는가 봐."

한탐 선생님은 우리가 배우는 시대를 가장 잘 아는 분을 모셔왔다고 했어요.

"박규수 나리세요. 박지원의 손자예요."

할아버지 뜻을 이어받아 서양과 문을 열고 교류하자고 주장한 분으로 오늘 우리를 역사 속으로 안내해 줄 거라고 했어요.

"어린 친구들이 가기에는 지금 조선은 혼란한 시기인데……."

박규수는 말했어요.

조선은 조용히 고유한 문화를 가꿔오고 있었는데 밖에서 새롭고

낯선 것들이 밀려와 조선의 평화를 깨기 시작하는 시기래요. 조선도 변화를 해야 하는데 어떻게 나가야 할지 아득하고 두려워 갈팡질팡하고 있기도 하구요.

우리는 그래도 좋다고 막 졸랐어요. 박규수는 함께 여행을 하며 깊이 생각할 수 있는 기회가 되면 좋겠다고 함께 가자고 했어요.

선생님은 어서 배에 타라고 했어요. 돛을 올리자 옆으로 날개가 쫙 펴졌어요. 하늘을 날더니 사뿐히 한강에 배를 올려다 놨어요. 한강에서 서해로 항해를 시작했어요. 배는 바다를 벗어나 강으로 접어들더니 해미에 도착했어요.

해미읍성에는 얼마 전에 프란치스코 교황이 방문했다는 안내가 있었어요. 우리 사총사는 교황이 왜 이곳에 왔는지 궁금했어요.

"여기는 천주교 신자가 박해받은 대표적인 곳이에요."

한탐 선생님은 이곳에서는 천주교 신자 3천 명 정도가 희생됐는데, 저기 보이는 커다란 회화나무가 천주교 신자가 처형됐던 나무라고 했어요.

"그때 전국에 1만 명이 처형된 치절한 박해였죠."

그해가 병인년이라 병인박해라고 하는데 이 박해 때문에 조선에 프랑스와의 전쟁이 일어나게 된대요.

"병인박해로 프랑스 신부 9명이 처형되자 프랑스가 프랑스 신부 9명을 죽였으니 조선인 9천 명을 죽이겠다. 아니면 배상하든가 통상하자며 한양으로 가겠다며 침략해 왔었지." 박규수 나리가 말했어요.

선생님은 병인박해는 조선이 제국주의와 만나게 되는 시작점이 된다고 하신 뒤 이제 강화도로 가자고 했어요. 배는 어느새 서해에서 북쪽으로 거슬러 가서 강화도에 도착했어요.

**프랑스 정부 요구조건**

1
선교사를 처형한 관련자를 처벌하고 배상하라

2
우리랑 통상조약을 맺으라

조선, 세계로 문을 열다

 # 강화도에서 프랑스군대와 싸우다, 병인양요

"여기가 강화도 입구에 있는 갑곶진이란다."

박규수는 맞은편에 보이는 곳을 가리키며 문수산성이라고 했어요. 두 곳이 강화도와 함께 한양으로 이어지는 한강 입구를 지키는 중요한 성이래요.

배에서 바라보니 갑곶진은 강화도에서 한강으로 들어가는 길목에 있었어요. 병인년, 1866년에 프랑스 깃발을 단 배 7척이 강화도 앞바다에 나타나 조선 최후의 날이 될 것이라고 위협하며 해군 600명을 끌고 조선을 쳐들어 왔다고 박규수가 그때 상황을 생생하게 전해 줬어요.

한탐 선생님은 잠깐 전투장면을 보자며 지휘봉으로 공중에 툭 건드리자 화면이 나타났어요. 그러자 화면에 강화도 지도를 배경으로 프랑스군이 강화도에 상륙해 이동하는 장면이 나오고 있었어요.

조정에서 급히 대책회의가 열리는 장면으로 바뀌며 싸울 것인가 말 것인가를 놓고 토론이 벌어졌어요. 하지만 흥선대원군은 무례하기 이루 말할 수 없는 행동을 보고 받고 싸우라고 명령했어요. 프랑

스군이 가진 앞선 무기 앞에 조선군은 전투가 힘겨워 문수산성을 빼앗기고 마는데 조선 조정도 대책을 마련해야 했어요.

"그때 양헌수 장군의 프랑스군의 허점을 찌르는 작전이 성공을 하게 되죠."

한탐 선생님은 배의 날개를 펼치더니 양헌수 장군이 싸운 정족산성으로 우리를 데리고 갔어요.

전등사라고 하는 절이 있었어요. 여기서 프랑스군과 전투가 있었다니 믿어지지 않았어요. 한탐 선생님이 다시 공중에 화면을 띄웠어요.

"총을 정말 잘 쏘는데요."

조선, 세계로 문을 열다

● 정족산성

단군의 세 아들이 쌓았다는 전설이 내려오는 산성이에요. 성 안에는 조선왕조실록을 보관하는 사고가 있었어요. 1866년 병인양요 당시 양헌수 장군이 이 성을 침입하는 프랑스군을 무찌른 곳이기도 해요.

상상이가 말하자 박규수가 답을 해 줬어요.

"맞아, 양헌수 장군은 포수들로 구성된 부대를 정족산성에 배치하고 프랑스군을 물리쳤단다. 양헌수 장군의 재치있는 대응이 프랑스 군대의 우세한 무기를 이기고 승리를 가져온 거지."

두 달 가까운 원정에 지친 프랑스군은 후퇴를 결심했대요. 그리고 철수하면서 자기 나라에 가서 황제에게 승리의 선물로 가져다줄 보

물을 약탈해 갔다고 해요. 그중 가장 주목할 것이 '의궤'라고 했어요. 그 현장으로 간다며 박규수는 우리 사총사를 이끌었어요.

"정조가 창덕궁에 규장각을 설치한 것은 알고 있겠죠? 여기는 궁궐 밖의 규장각, 외규장각이에요."

규장각에서 보관하는 도서, 옥쇄 같은 보물 중에는 하나밖에 없는 것들이 많아 불타거나 분실되면 영원히 사라지게 되잖아요. 그래서 안전한 장소에 외규장각을 세워 보관했답니다. 도서만 해도 5천 권이 넘었고 '의궤'도 그 가운데 하나라고 했어요.

"프랑스군은 이곳 외규장각을 약탈해갔는데, 의궤도 포함되어 있었죠."

조선, 세계로 문을 열다 **217**

> 그럼 4천 권도 넘는 책이 불탔단 말이야? 안 가져 갈 거면 그냥 두지 왜 불태워!

> 선생님, 저 그 이야기 알아요. 145년 만에 돌아온 '조선왕실의궤' 이야기죠? 병인양요 때 프랑스군이 도서 350여 권, 은궤를 약탈해 가고 나머지는 불태웠다고 했어요.

● **외규장각**
화재 등으로 인한 소실을 대비해 왕실 관련 책을 보관할 목적으로 강화도에 만든 왕립도서관이에요. 창덕궁 규장각의 부속 도서관이었어요.

병인양요는 조선이 제국주의를 만난 벌인 첫 번째 전투였어요. 그리고 제국주의가 무례하게 함대를 끌고 와 부리는 횡포를 경험한 사건이기도 했어요.

# 신미양요, 처절한 승리

잠깐, 우리가 제국주의와 벌인 첫 번째 전투를 병인양요라고 했나요? 사실은 두 달 전에도 서양세력과 싸운 사건은 있었대요.

"이 일은 내가 잘 알지."

박규수는 병인양요가 일어나기 두 달 전이야기를 해줬어요. 대동강에 이양선이 와서 미국에서 온 '제너럴 셔먼호'란 배가 물이랑 식량을 얻으러 왔다고 해서 줬대요. 그런데 바닷물 길이를 잰다며 가지 않았다고 해요.

"왜 남의 나라 바다에서 깊이를 재요? 허락도 안 받고."

똑똑이가 발끈했어요.

"그렇지? 그래서 남의 바다에서 이러지 말고 돌아가라고 했지."

박규수는 그때 이야기를 이어갔어요. 미국 배는 무역을 하자고 제안했고, 조선은 거부했대요. 그러자 총과 대포를 쏘고 노략질을 했다고 해요.

"고얀 놈들이지? 그래서 우리도 혼을 내줬지."

마침 그때가 썰물이어서 물이 빠지면 큰 이양선이 꼼짝할 수 없다

는 걸 알고 작은 배에 불을 실어 보내고 불화살을 날려 제너럴 셔먼호를 불태워 버렸대요. 이게 '제너럴 셔먼호사건'이래요.

"내가 그때 평양감사였거든. 내가 저 무례한 이양선을 불태워 버리라고 했지. 그런데 이 일로 5년 후 신미양요가 일어난단다."

신미양요도 강화도에서 일어났대요. 우리는 강화도 광성보에 도착했어요.

1871년, 미국은 군함 4척과 천 명의 미해군을 싣고 강화도에 왔다고 해요.

"바닷길을 측정할 테니 방해하지 말고, 조선과 무역을 하고 싶으니 관리를 보내라고 하는 거야. 그러자 조선정부는 한양으로 가는 길목이라 측량을 허가할 수 없으니 그만 돌아가라고 했지. 그런데 막무가내로 바다를 측량하며 광성보로 상륙하더라고."

● 광성보

광성보는 5진, 7보, 54돈대 중 한 곳으로, 강화도의 동쪽 해안과 강화 해협을 지키던 중요한 요새예요.

남의 나라 땅에 함부로 군대가 상륙하는 건 침략이잖아요? 우리 사총사는 몹시 불쾌했어요.

"그래서 상륙하는 미군에 맞서자 측량을 방해하며 공격했다고 사과와 배상을 요구하였어요. 또, 제너럴 셔먼호 진상도 밝히라고 했단다."

박규수 말이 끝나사 선생님은 전쟁장면을 영상으로 보여줬어요.

미군은 바다에 있는 함대에서 대포를 쏘고 상륙한 미군은 총을 쏘며 광성보를 점령해 갔죠.

조선군은 구식 대포를 가지고 바다에 정박한 함대를 향해 포를 쏘았지만 사정거리가 짧았어요. 조선군이 쏘는 총알도 미군을 맞히지

조선, 세계로 문을 열다

못하고 허무하게 빗나갔어요. 우세한 미군 무기에 조선군의 구식 무기가 당할 수 없었어요.

48시간 처절한 싸움. 탄환과 화살이 떨어지면 맨손으로 싸우다 지휘관 어재연 장군과 병사 243명이 전사했어요. 포로가 될 지경에 이르자 자결하거나 바다로 몸을 던진 병사가 100 여 명, 포로가 된 병사가 20여 명이었어요. 그러나 미군은 전사 3명, 부상 10명이었다고 해요.

한탐 선생님은 다시 한번 화면을 띄웠어요.

미군들의 기록을 통해 처절했던 신미양요의 모습을 확인할 수 있어요.

'조선군은 진지를 지키려고 용맹스럽게 싸우다 모두 전사했다. 우리는 가족과 국가를 위해 그토록 용감하게 싸우다 죽은 국민을 다시 볼 수 없을 것이다.
— 슐레이 대령

조선병사는 용감했다. 항복을 몰랐다. 무기를 잃으면 돌과 흙을 던졌다. 전투에서 패하자 조선군 100여 명은 항복 대신 깨끗한 죽음을 택해 자결하거나 바다로 뛰어들었다.
— 엘버트 가스텔

남북전쟁 때에도 그렇게 짧은 시간에 그렇게 많은 포탄과 총알을 쏟아진 적은 없었다
— 블레이크 중령

"신미양요에 참전한 미군 병사의 기록이에요."

미군이 잔인한 전투를 벌인 것도 문제지만 뒤떨어진 총으로 싸우는 조선군도 너무 안타까워요.

# 서양세력, 맞서야 할까 손을 잡아야 할까

우리는 병인양요와 신미양요를 겪고 조선 정부는 어떤 생각을 하는지 궁금했어요.

힘겹게 전투장면을 보던 박규수가 곰곰이 생각을 하더니 입을 열었어요

"나도 서양세력이 무례하게 굴면 싸워야 한다고 생각했지. 평양

에서 제너럴 셔먼호를 불태울 때도 그런 생각이었어. 그런데 병인양요, 신미양요를 겪으며 우세한 무기를 가진 프랑스와 미국을 다시 보게 되었단다. 그뿐 아니라 그들이 물러난 것은 우리를 이길 수 없어서가 결코 아니었어. 마음먹고 침략한다면 조선은 그들을 막을 수 없었을 거야. 이길 수 없다면 맞서 싸우기보다 어서 빨리 문을 열고 문물을 받아들이는 것이 조선이 살길 이라고 생각을 바꿨지."

하지만 그때 조선 정부를 책임지고 있던 홍선대원군은 생각이 달랐다고 해요. 그때 눈치껏 한탐 선생님은 공중에 사진을 띄웠어요.

"홍선대원군이 전국에 세우라고 명령한 척화비에요."

'서양 오랑캐가 쳐들어오면 맞서 싸우라'는 글을 새긴 '척화비'가 전국에 세워졌어요.

"세계가 변하는데 조선만 문을 닫아 우리 역사를 뒤처지게 했다니 너무 안타까워요."

박규수는 한숨을 내쉬었어요.

홍선대원군 뿐만 아니라 조선 유학자와 일반 백성들도 서양을 두려워하며 멀리하자는 게 당시 여론이었다고 해요. 또 국제정세보다 급한 것은 세도정치를 몰아내 백성들의 생활을 안정시키는 국내정치였다며 당장 민생을 편안히 서양세력을 맞설 힘도 생기지 않겠냐는 게 홍선대원군의 생각이었다고 이야기했어요.

사실 그때 사람들이 서양세력을 멀리한 것은 그만한 이유가 있었어요. 독일사람들은 홍선대원군 아버지 묘를 파헤치는 일까지 하면

조선, 세계로 문을 열다

서 무례하게 굴었거든요.

가만 들으니 흥선대원군 생각을 무조건 비난만 할 건 아닌 것 같아요.

"박규수 나리는 개화파의 스승이세요."

박규수는 자기와 함께 개화를 주장한 사람이 또 있다고 했어요.

● 척화비(국립중앙박물관 소장)
흥선대원군이 병인양요와 신미양요 후 서양과 통상할 수 없다는 의지로 전국 각지에 세운 비석이에요. 서양 오랑캐가 침입하였을 때, 싸우지 않는 것은 친하게 지내자는 것이고, 친하게 지내자는 것은 나라를 파는 것이라는 내용이 새겨져 있어요.

역관으로 청나라에 여러 차례 다녀온 오경석은 특히 국제정세에 밝았어요. 의사인 유홍기는 일본의 메이지유신 후 발전을 말하며 일본처럼 개항해야 한다고 주장했대요.

박규수 사랑방은 개화파가 탄생한 곳이라고 해요. 사랑방을 드나들던 다섯 청년들은 개화파로 나중에 시간 여행에서 보게 될 거래요. 김옥균, 박영효, 홍영식, 서광범, 서재필을 잘 기억하라고 했어요.

들을 수록 이 시대는 혼란스럽기만 했어요.

그러는 사이 선생님은 시계를 보더니 다급하게 말했어요.

"여러분, 빨리! 강화도에서 큰일이 일어났대요."

## 운요호 사건과 강화도 조약

선생님은 이제 강화도로 가자고 하더니 금세 초지진을 지나쳤어요. 아, 저 초지진에 있는 소나무는 역사책에 단골처럼 등장하는데 이때도 있었단 말이에요?

신미양요가 일어난 지 4년이 지난 1875년, 일본은 조선이 문을 열

지도 모른다고 생각했대요. 흥선대원군이 물러났기 때문이었어요. 기회를 놓치지 말자고 생각해 운요호는 먼저 부산에서 대포를 쏘며 위협했고 다시 강화도에 나타나 한강을 거슬러 한양으로 향해 가려고 했대요.

운요호가 강화도에서 함포를 쏘며 상륙하려 하자 조선군이 거세게 반격했어요. 물러는 났지만 순순히 자기 나라로 가지 않았대요. 영종도에 가서 민가에 불을 지르고 백성을 죽이고 약탈해 갔죠. 그리고 5개월 후 다시 강화도에 나타나 문을 열라고 협박하는 거래요.

초지진 앞 바다에는 일본 배 두 척이 정박해서 대포를 배치하고 있었어요. 초지진을 돌아 배가 날개를 펴더니 연무당에 도착했어요.

조선, 세계로 문을 열다

연무당 분위기가 아주 살벌했어요. 회담장에는 일본 전권대사 구로다와 조선 측 접견대사 신헌이 대표로 앉아 있었어요. 회담장 밖에는 일본군이 대포까지 배치해 군사력을 과시하고 있었어요. 일본 측 구로다가 내민 조약은 12개 조로 되어 있었어요. 조약은 매우 불평등했지만 조선은 항의하지 못하고 받아들이고 말아요.

"일본은 조선이 근대조약을 잘 모른다는 약점을 이용했어요."

똑똑이는 흥분했어요. 그리고 뒤에 잘못된 내용을 발견하고도 고칠 수가 없다는 사실에 더욱 화를 냈어요.

"강화도조약은 조선이 다른 나라와 맺은 최초 근대조약이지만 조선에게는 의무만 있고 일본에게는 권리만 있는 불평등조약이다라는 평가를 받아요."

한탐 선생님이 말했어요. 첫걸음부터 잘못 끼워진 조약이 앞으로 조선의 운명에 어떤 영향을 미칠까요? 세계로 향한 개화가 앞으로 조선을 어떻게 변화시킬지 걱정이 됐어요.

한탐 선생님은 이제 수업을 마무리하자면서 뱃머리를 돌려 박물관으로 돌아왔어요. 박규수 나리는 이제 우리와 헤어질 시간이 되었다고 하며 우리 손을 잡고 당부했어요.

"여러분은 이런 역사의 실수를 되풀이하지 않길 바라요."

우리 사총사는 두 손에 힘을 주며 고개를 끄덕였어요.

# 조선 문 개방에 대한 토론하기

조선은 어서 문을 열어야 한다!

| 찬성 | 상상이 | 이웃 나라를 보세요. 중국은 프랑스에 무릎을 꿇었습니다. 일본도 미국에 강제로 문을 열기는 했지만 서양문화를 적극 받아들이고 있습니다. 세계 어느 나라도 서양문물에 영향을 받지 않는 나라는 없습니다. 다행히 조선은 다른 나라보다 서양세력에 관심을 덜 받아 안전했습니다. 빨리 서양문화를 받아들여 발전을 이루어야 식민지가 되지 않을 수 있습니다. |
|---|---|---|
|  | 장난이 | 문을 걸어 닫고 있으면 조선은 우물 안 개구리가 됩니다. 서양과 외교를 트고 무역을 해서 배울 것을 배워야 합니다. 그렇지 않으면 낙오자가 될 것입니다. 일본을 보세요. 서양문화를 스스로 받아들여 놀라운 변화를 하고 있습니다. 조선도 세계 발전에서 뒤떨어지지 않으려면 문을 열어야 합니다. |
| 반대 | 똑똑이 | 제국주의는 우리에게 도움을 주려고 문을 열려는 게 아닙니다. 자기에게 이익이 되기 때문에 문을 열라고 하는 것입니다. 서양 물건은 편리합니다. 그러나 공짜가 아닙니다. 서양에서는 물건을 한없이 찍어내지만 우리가 팔 것은 농산물이나 지하자원같이 한정된 것입니다. 마구 사들이고 받아들인다면 나라 경제가 무너질 것입니다. |
|  | 투덜이 | 나라가 잘 되려면 민심이 하나로 모여야 합니다. 그런데 조선 사람들은 서양세력에 대한 불만과 두려움이 많습니다. 서양문화는 우리 문화와 너무 달라 우리 풍속을 해치고 있습니다. 문을 열어 서양문물을 받아들여 경제가 무너지고 문화가 혼란해진다면 민심이 분열될 것입니다. 안으로 경제를 튼튼히 하고 민심을 안정시킨 다음 사귀어도 늦지 않다고 생각합니다. |

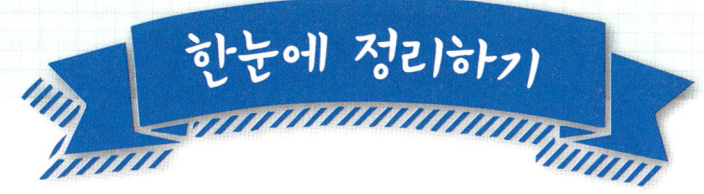

## 한눈에 정리하기

**질문 하나,**
강화도조약의 불평등요소 찾아 써 보세요.

- 제1조 _____
- 제4조 _____
- 제7조 _____
- 제10조 _____

**질문 둘,**
일어난 사건의 원인과 결과를 찾아 연결하세요.

제너럴 셔먼호 사건　　　　　병인양요
운요호 사건　　　　　　　　신미양요
병인박해　　　　　　　　　　강화도조약

**질문 셋,**
병인양요, 신미양요, 강화도 조약은 모두 강화도에서 일어나요. 왜 그럴까요?

? _____
_____
_____
_____
_____

• 정답은 238쪽에서 확인하세요!

## 외세의 침략 시대로 시간여행을 떠난다면?

> 회화나무에 남아있는 철사끈은 너무 가슴이 아파 지금도 잊혀지지 않아.

### 1. 병인박해의 현장을 찾아서
● 해미읍성

해미읍성은 서해안에 왜구가 들끓던 시절에 방어를 위해 쌓았어요. 해미읍성이 역사에서 중요하게 된 것은 1866년 병인박해 때입니다. 1,000여 명이나 되는 천주교 신도들이 처형당했던  회화나무가 지금도 있지요. 또 태형으로 맞아 죽은 자리에는 자리개돌이 있어 천주교 성지가 되었어요. 병인박해로 만여 명이 처형되고 해미를 중심으로 천주교 신도 3천여 명이 희생되었다고 해요. 서해안은 중국과 교통이 편리했기 때문에 천주교가 일찍부터 뿌리 내렸기 때문이에요.

### 2. 프랑스군을 물리친 곳
● 강화도 정족산성

정족산성은 아주 오랫동안 군사상 중요한 장소였어요. 처음 산성을 쌓은 사람이 단군왕검의 세 아들이라고 전해지거든요. 그만큼 요새이며, 방어하기 유리한 위치라는 뜻이죠. 그래서 조선시대에는 이곳에 정족산성을 쌓아 강화도를 방어하게 했죠. 또 반드시 지켜야 할 보물인 〈조선왕조실록〉을 보관했어요.

> 여기서 양헌수 장군은 재치있는 작전으로 프랑스군을 물리쳤어.

## 3. 신미양요의 치열한 현장

● 강화도 보와 진 : 광성보, 초지진, 갑곶진

준비 없이 뒤떨어진 무기로 처참한 전쟁을 치러야 했던 병사들을 잊을 수 없어.

강화도는 군사상 작전상 중요한 지역이에요. 한강이 흘러 서해로 이어지는 길목에 있기 때문에 조선의 심장을 지키는 곳이라고 했어요. 해안선이 복잡하고 물살이 거세 함부로 접근하기도 어려웠어요. 그래서 북방민족이 쳐들어오면 피난처로 이용했어요. 서양세력이 한양으로 접근할 때 꼭 거쳐 가는 곳이었죠. 그래서 이곳에는 방어용 요새 진과 보, 돈대가 설치되어 있답니다. 프랑스군이 상륙했던, 갑곶진, 미군이 점령했던 광성보, 일본군이 접근했던 초지진. 강화도는 진, 보뿐 아니라 빙 둘러 53개 돈대가 있습니다.

## 4. 약탈의 현장이 된 왕실 도서관

● 외규장각

외규장각에서는 귀중한 책이나 옥새 같이 임금을 상징하는 물건 보관했어요. 그런데 프랑스군이 후퇴하면서 외규장각에 있던 물건을 훔쳐갔지요. 이때 은괴랑 의궤를 약탈해 실었는데 미처 싣지 못한 것을 부수거나 불태웠어요. 5천 권이 넘는 책 가운데 350권 정도만 싣고 가고 나머지는 그때 사라졌어요.

그때 약탈당한 의궤를 되돌려 받았지만 임대 형태란 것도 잊지 말아야 해.

## 나오며

우리 사총사는 이번 역사 탐방에서 어디가 가장 기억에 남나요?

엉뚱한 선생님 때문에 가슴이 조마조마했다구요?

임진왜란이 끝나고 나서 전쟁을 회복해 가고 있던 때에 다시 병자호란이란 혹독한 전쟁을 치렀어요. 하지만 활기를 되찾아 가는 조선시대로 시간여행을 떠났어요.

백성들 생활을 위해 쉼 없이 고민하고 연구하는 실학자도 만나고, 장터를 옮겨 다니며 열심히 일하는 장사꾼도 만나고, 풍속화 속에 나오는 천진난만한 조선시대 평범한 아이와 함께 서민들 생활을 가까이서 보기도 했어요. 또 조선시대 최고 임금으로 꼽히는 수원화성에도 가보며 정조 임금 이야기도 들어 보았어요.

역사 속으로 시간여행을 떠나니 역사가 더 실감나고 생생하죠?

아, 그런데 조선이 위태위태하던 역사를 뒤로 하고 와서 마음이 편하지 않다며 어서 다시 가봐야 할 것 같다는 사총사의 말을 들으니 진짜 한국사 탐험단 같아서 매우 기뻐요.

다음 시간에는 어떤 한국사 탐험을 떠나게 될까요?

## 한탐 선생님의 쪽지!

영원한 왕국은 없다는 말이 있듯이 역사에는 항상
찬란하고 아름다운 시대만 있지는 않답니다.
오히려 어렵고 힘들었던 시대를 더 잘 기억하고
거울을 삼아야 해요.
역사는 과거에서 끝난 게 아니라 오늘로 이어지고
있다는 걸 잊지 마세요.
역사 공부란 지금 이어가고 있는 우리 역사를
잘 가꾸어가기 위해 과거를 통해 지혜를 얻는 거랍니다.

백성들이 고생할 때는 너무 안타까웠어.

그래도 어려움을 딛고 역사를 바꿔내는 건 백성들이었어.

강제로 개항한 조선의 운명이 걱정되는데!

스스로 우리가 먼저 개항하였으면 어떻게 되었을까?

# 정 답

### 서른세 번째 여행

**질문 하나**
장난이
**질문 둘**
동의보감, 중립, 강홍립, 인조반정
**질문 셋**
O , X , O

### 서른네 번째 여행

**질문 하나**
1, 3, 4, 7, 8

### 서른다섯 번째 여행

**질문 하나**
평시조 - ㄴ
한글소설 - ㄹ
풍속화 - ㄱ
민화 - ㄷ

### 서른여섯 번째 여행

**질문 하나**
유득공 - ㄷ
박지원 - ㄴ
김정호 - ㄹ
최한기 - ㅁ
박제가 - ㄱ

### 서른일곱 번째 여행

**질문 하나**
수원화성
정약용
정조
사도세자
탕평책

### 서른여덟 번째 여행

**질문 하나**
매관매직
부정부패
탐관오리
삼정문란
민란
**질문 둘**
천주교 - ㄴ
정감록 - ㄱ
동학 - ㄷ

### 서른아홉 번째 여행

**질문 하나**
1. 인재등용
2. 호포제
3. 경복궁 중건
4. 서원정리
5. 사창제

### 마흔 번째 여행

**질문 하나**
제1조  조선국은 자주 국가로서 일본국과 동등한 권리를 보유한다.
제4조  조선은 부산 외에 두 개항구를 개항한다.
제7조  일본은 수시로 조선 해안을 측량할 수 있다.
제10조  일본인이 조선에서 정한 항구에서 죄를 저지르면 일본국에 돌려 보내 재판한다.
**질문 둘**
제너럴 셔먼호 사건 - 신미양요
병인박해 - 병인양요
운요호 사건 - 강화도조약
**질문 셋**
강화도는 조선의 수도 한양으로 가는 길목이에요. 군사상 매우 중요한 지역이라 북방 민족이 오면 피난처로 이용했어요. 서양함대는 한양에 가려면 강화도를 꼭 거쳐야 했기 때문에 번번이 이곳에서 부딪혔어요.

## 사진출처

P15 동의보감, 위키백과
P21 잡상, 저자촬영
P23 삼전도비, 저자촬영
P23 남한산성 수어장대, 이종하
P34 남한산성, 이종하
P35 창덕궁 돈화문, 저자촬영
P35 창경궁 환경전, 저자촬영
P38 김홍도의 타작, 국립중앙박물관
P44 공명첩, 국립중앙박물관
P52, P62 서울역사박물관 운종가 모형, 저자촬영
P63 숭례문, 저자촬영
P64 흥인지문, 문화재청
P47 상평통보, 국립중앙박물관
P68, P80 김홍도의 서당, 국립중앙박물관
P70 김홍도의 담배썰기, 국립중앙박물관
P74, P80 김홍도의 자리짜기, 국립중앙박물관
P75, P80 김홍도의 씨름, 국립중앙박물관
P79 신윤복의 단오풍정, 간송미술관
P79, P80 김득신의 노상알현도, 우리역사넷
P81 국립중앙박물관 회화실, 저자촬영
P82 국립한글박물관, 저자촬영
P91 반계수록, 위키백과
P106 대동여지도, 위키백과
P112 실학박물관, 저자촬영
P113 홍대용 과학관, 천안 홍대용 과학관

P121 수원화성 서장대, 저자촬영
P123 수원화성 장안문, 저자촬영
P125 수원화성 공사 실명제, 저자촬영
P128 수원화성 팔달문, 저자촬영
P131 수원화성 방화수류정, 저자촬영
P142 규장각, 저자촬영
P143 수원화성, 저자촬영
P143 행궁, 저자촬영
P143 건릉, 저자촬영
P149 옥호정도, 우리역사넷
P156, P176 다산초당, 박민준
P159 목민심서, 국립중앙박물관
P171, P176 용담정, 경주시청
P181, P203 경복궁, 저자촬영
P.190 당백전, 통영시립박물관
P199 건청궁, 저자촬영
P202 운현궁, 저자촬영
P203 헌법재판소, 저자촬영
P216, P234 정족산성, 저자촬영
P218, P235 외규장각, 저자촬영
P221, P235 광성보, 저자촬영
P226 척화비, 저자촬영
P234 해미읍성, 위키백과
P235 초지진, 저자촬영

**아빠,
한국사여행
떠나요! 5**

**초판 1쇄 펴낸 날** 2017년 10월 13일

**지은이** 김명선 | **그린이** 나인완 | **펴낸이** 홍정우 | **펴낸곳** 코알라스토어
**책임편집** 이상은 | **편집진행** 남슬기 | **디자인** 나선유 | **마케팅** 정다운
**주소** (121-894) 서울특별시 마포구 양화로7안길 31(서교동, 1층)
**전화** (02)3275-2915~7 | **팩스** (02)3275-2918 | **이메일** garam815@chol.com
**등록** 2007년 11월 30일(제313-2007-000238호)

ISBN 979-11-88073-08-5 (74900)
ISBN 978-89-94194-81-3 (세트)
ⓒ 코알라스토어, 김원미, 김명선, 이기범, 김민아, 2017

이 도서의 국립중앙도서관 출판예정도서목록(CIP)은 서지정보유통지원시스템 홈페이지(http://seoji.nl.go.kr)와
국가자료공동목록시스템(http://www.nl.go.kr/kolisnet)에서 이용하실 수 있습니다.(CIP제어번호: CIP2017024873)

이 책은 저작권법에 따라 보호받는 저작물이므로 무단전재와 무단복제를 금합니다.
이 책 내용의 전부 또는 일부를 이용하려면 반드시 저작권자와 코알라스토어의 서면 동의를 받아야 합니다.

*코알라스토어는 브레인스토어의 유아•아동 브랜드입니다.